LA CONSPIRACIÓN CONTRA ALLENDE
Cómo derrocar a un gobierno de izquierda

LA CONSPIRACIÓN CONTRA ALLENDE

Cómo derrocar a un gobierno de izquierda

Compilación: Juan Jorge Faundes

Entrevista a Manuel Cabieses
y una selección de la revista *Punto Final*

ocean
sur

7
SEVEN STORIES

New York • Oakland • London

Seven Stories Press/Ocean Sur
140 Watts Street
New York, NY 10013
www.sevenstories.com

ISBN: 978-1-925019-16-2

153002045

Índice

Presentación

«Todo vale en Chile. Patéenlos en el culo. ¿Ok?»

Nixon: *All's fair on Chile. Kick 'em in the ass. Ok?*

Kissinger: *Right.*[*]

Por la mañana del 5 de octubre de 1971, conversan en el Despacho Oval de la Casa Blanca, Richard Nixon (presidente), H.R. Haldeman (jefe de Gabinete), John Connally (secretario del Tesoro) y Henry Kissinger (consejero de Seguridad Nacional). El tema, la decisión del presidente chileno Salvador Allende y del gobierno de la Unidad Popular (UP) de aplicar un impuesto al exceso de ganancias de las compañías mineras Annaconda y Kennecott y no pagar compensaciones por nacionalizar sus minas. Esta y otras conversaciones se han podido conocer gracias a la desclasificación de las cintas en torno al caso Watergate que provocaron la renuncia del presidente Richard Nixon el día 8 de agosto de 1974. El sistema de grabación de Nixon comenzó en la Oficina Oval el 16 de febrero de 1971 y terminó el 18 de julio de 1973 funcionando durante 883 días. Todo cuanto se decía en el Despacho Oval fue

---

[*]   Nixontapes.org. (junio de 2010). *The Complete [Declassified] Nixon Tapes on Chile and Salvador Allende.* (L.A. Nichter, Ed.). Recuperado el 10 de julio de 2013 de Conversación No. 584-003. Fecha: 05 de octubre de 1971. Lugar: Despacho Oval (http://nixontapeaudio.org/chile/584-003.pdf).

grabado secretamente y coincidió con el 85 por ciento del gobierno de Allende. Esas cintas hoy están disponibles en el sitio web nixontapes.org[1] que edita Luke A. Nichter, Ph.D., profesor asociado de historia en la Universidad A & M de Texas - Texas Central. El profesor Nichter es experto en las cintas de Nixon como resultado de sus esfuerzos para digitalizar cerca de 4 000 horas de aquellas grabaciones que ha puesto en el mencionado sitio a disposición de los cibernautas como un servicio público.

—He decidido remover a Allende —dice Nixon a Kissinger aquella mañana.

—El Presidente de Chile nos ha arrojado el guante. Ahora nos corresponde un movimiento a nosotros. Lo único que usted puede esperar es derrocarlo —agrega Connally—. Y así podrá probar que está cuidando los intereses de Estados Unidos.

—Allende es un tipo al que podemos golpear. Entréguenme un plan —urge Nixon a sus asesores—. Jugaremos muy duro con él.

—Todo vale en Chile. Patéenlos en el culo. ¿Ok? —ordena a Kissinger hacia el final de la reunión, dando por terminado el tema sobre Chile y Allende. En buen chileno, el sentido de la expresión gringa «*Kick 'em in the ass*» equivale a proferir: «¡Sáquenles la cresta!», «¡Háganlos mierda!» o, más claro aún: «¡Vuélenles la raja!». En lenguaje de comic televisivo: «¡Acábenlos!».

—De acuerdo —responde Kissinger.

Revela Nichter que al momento en que Allende fue derrocado el 11 de septiembre de 1973, Nixon ya había apagado su grabadora del Salón Oval porque en julio de ese año, durante las dramáticas audiencias del caso Watergate en el Congreso, un asesor de la Casa Blanca había revelado la existencia de aquel sistema de grabación secreto y el Congreso inmediatamente exigió que la Casa

---

[1]   (http://www.nixontapes.org/chile.html).

Blanca entregara todas las cintas, lo que debió hacer tras un fallo de la Corte Suprema. Pero existía otro sistema de grabación secreto no detectado que se mantuvo operativo: el de Henry Kissinger. Y el 16 de septiembre de 1973, el sistema de grabación de Kissinger registró su primera conversación telefónica con Nixon después del golpe en Chile.

—La cosa en Chile se está consolidando y por supuesto los periódicos están balando por el derrocamiento de este gobierno pro comunista —dice Kissinger en alusión a la prensa liberal y democrática que en Estados Unidos y el mundo lamentaba y condenaba el golpe de Estado.

— Quiero decir que en el periodo de Eisenhower habríamos sido héroes —explica Kissinger a Nixon.

—Bueno, nosotros no —dice Nixon—. Como sabes nuestra mano no aparece en esta [operación] siquiera.

—Nosotros no lo hicimos —asiente Kissinger—. Pero quiero decir que los ayudamos. [La CIA; *es un supuesto porque la referencia está borrada*] creó las mejores condiciones posibles.

—Eso es correcto —responde Nixon—. Y esa es la forma en que se va a jugar. Pero escucha, déjame decirte que esta vez la gente no se va a comprar la basura de los liberales.

—Absolutamente no —asiente Kissinger.

—Ellos saben que era un gobierno procomunista y así son las cosas —justifica Nixon.

— Y pro Castro —completa Kissinger.

—Olvidémonos de lo procomunista —dice Nixon—. Fue un gobierno antiamericano durante toda su existencia.

Otras investigaciones ya clásicas dan cuenta de como el imperio contribuyó al «*Kick 'em in the ass*» de Allende y la Unidad Popular, como por ejemplo el Informe Church del Senado de los Estados

Unidos (1975),[2] los documentos desclasificados de la CIA, la doctrina del Shock (de Naomi Klein) y otros.[3]

USA, América Latina y la Teoría del Caos

Los «sistemas dinámicos caóticos» —estudiados por la popularmente llamada Teoría del Caos— son sistemas en el que uno o más parámetros: la velocidad o la posición, u otro fenómeno, van cambiando con el transcurso del tiempo y manifiestan a la vez comportamientos estables e inestables. En estos sistemas opera un «atractor» principal y a veces atractores menores, hacia los cuales los componentes de un organismo o sistema son atraídos. El más propio de los sistemas caóticos y pertinentes para nuestro análisis es el llamado «atractor extraño», definido como un punto externo hacia el cual todas las variantes parecen tender. Aplicado a nuestro sistema regional latinoamericano, podría equivaler al modelo económico, político e ideológico global impulsado por los Estados Unidos y las corporaciones mundiales más influyentes.

A lo largo de su historia post-colombina, el sistema dinámico caótico llamado América Latina se ha mantenido por mayores o menores períodos estable-inestable, en equilibrio precario —como el de placas tectónicas de su corteza—, tironeada y disputada por

---

2   94o Congreso primera reunión, «Informe Church», también conocido como «acción encubierta en CHILE 1963-1973: Informe del personal de la Comisión Especial para Estudiar las Operaciones del Gobierno con Respecto a Actividades de Inteligencia», Senado de EE.UU., 18 de diciembre de 1975 (http://foia.state.gov/Reports/ChurchReport.asp).

3   Ver también: Departamento de Estado de EE.UU., «Estado de Chile Collections»: http://foia.state.gov/SearchColls/CollsSearch.asp; Peter Kornbluh ed., «Brasil conspiró con EE.UU. para derrocar a Allende», National Security Archive Electronic Briefing Book No. 282, 16 de agosto de 2009 (http://www.gwu.edu/ ~ nsarchiv/NSAEBB/NSAEBB282/index.htm, y Archivo de Seguridad Nacional), «Proyecto de Documentación de Chile» (http://www.gwu.edu/ ~ nsarchiv / latin_america / chile.htm).

diferentes imperios. En la segunda mitad del siglo XX fue triturada —con nosotros adentro— al ser disputada por los dos grandes atractores de la guerra fría, Estados Unidos (USA) y la Unión Soviética (URSS). La homeostasis en torno al Atractor USA, se resolvió durante algunas décadas con las dictaduras militares. Desmoronado el Atractor URSS a fines de la década de los años 1980, las dictaduras ya no fueron necesarias para que el sistema se mantuviera ordenado y en órbita en torno al atractor triunfante. Al contrario, ya dificultaban el desarrollo de las fuerzas productivas. Estados Unidos fomentó entonces un tipo de democracias neoliberales, funcionales a su Pax Romana, que desde la década de 1990 florecieron en su «cuenca», expresión de la Teoría del Caos que designa el área de atracción; una especie de curvatura del espacio societal equivalente a la ancha boca de un embudo.

El episodio del virtual secuestro en el aeropuerto de Viena del presidente boliviano Evo Morales, el martes 2 de julio de 2013, por más de 14 horas, dado que Francia, Italia, España y Portugal habían impedido que sobrevolara su espacio aéreo en su retorno a Bolivia desde Moscú, por sospechar que transportaba secretamente a Edward Snowden, reclamado por Washington, revela hasta qué punto Europa es hoy «cuenca» de la potencia unipolar. Snowden es un técnico informático que en junio de 2013, hizo públicos, a través de los periódicos *The Guardian* y *The Washington Post*, documentos clasificados como alto secreto por los Estados Unidos, sobre varios programas para el espionaje de correos electrónicos y redes sociales en todo el planeta.

Otra de las características de los sistemas «caóticos» es que pequeñas alteraciones pueden producir grandes modificaciones: «…el caos parece estar en todos lados: en la columna de humo de un cigarrillo, en el clima, en el movimiento de los automóviles, en las avenidas de alta velocidad, en los seguros, en la teoría política, en la astronomía. El caos ha eliminado barreras y fronteras entre disciplinas. El caos es una ciencia de la naturaleza global de los sistemas».[4] En la América Latina post guerra fría la «pequeña alteración» que inicia un impredecible proceso creciente de «retroalimentación fractálica positiva», perturbando el sistema dinámico caótico que se había ordenado en torno al Atractor USA-Corporaciones Mundiales, se llamó teniente coronel Hugo Chávez.

En efecto, «retroalimentación positiva» se denomina en Teoría del Caos al hecho de que el valor de un parámetro vaya cambiando inesperada y progresivamente, y comience a alejarse cada vez más de su valor inicial hasta generar un cambio cualitativo en un sistema u organismo. Por ejemplo, la evolución de las especies y sus saltos cualitativos tras largos procesos de complejificación y centración crecientes, como diría Teilhard de Chardin, pasando de la materia inorgánica a la viva y a la pensante; o el paso de los organismos unicelulares a la sociedad global actual. Por el contrario, la «realimentación negativa» es el proceso de defensa de un sistema u organismo que actúa en sentido contrario a la retroalimentación positiva, para volver el parámetro alterado a su valor inicial y así mantener la homeostasis o estabilidad sistémica.

El «movimiento militar bolivariano» que comandó Hugo Chávez en febrero de 1992 es un hecho de retroalimentación positiva en el interior de la sociedad venezolana, que a su vez era un subconjunto del sistema dinámico caótico estructurado en torno al Atractor USA-Corporaciones Mundiales. El «movimiento militar bolivariano» tenía un objetivo estratégico de largo plazo: «El país tiene que enrumbarse hacia un destino mejor». Por lo tanto, el «movimiento militar bolivariano» debía de alejarse cada vez más de su valor inicial —podemos suponer que al comienzo era cero— hasta «controlar el poder» y continuar llevando a Venezuela hacia aquel «destino mejor». Sin embargo, el sistema dominante puso en

---

[4] Braun, E.: *Caos, fractales y cosas raras*, FCE, México, 1996, p. 154.

acción un proceso de «retroalimentación negativa» y el paráme-tro volvió a su valor inicial. Chávez pasó dos años en la cárcel. La siguiente vez, sin embargo, el proceso de retroalimentación posi-tiva tiene éxito, adquiere fuerza, y Chávez asume electoralmente el poder el 2 de febrero de 1999 e inicia un proceso creciente y exponencial de Revolución Bolivariana. Es un desarrollo típico de retroalimentación positiva. Hay un intento de retroalimentación negativa mediante el frustrado golpe del 2002 y las siguientes y sucesivas acciones y conspiraciones opositoras pero, desde enton-ces, se va gestando una nueva Venezuela, enrumbada hacia el socialismo del siglo XXI.

De ese modo, el fenómeno de la Revolución Bolivariana crece hasta transformarse en un atractor extraño y competitivo para el sistema USA-Corporaciones Mundiales. El Atractor Bolivariano ya no solo es un foco de atracción en el interior del país, sino que ha trascendido las fronteras y comienza a proyectarse hemisfé-ricamente hacia América Latina toda, amenazando romper el equilibrio que hasta entonces se ordenaba en torno al Atractor USA-Corporaciones Mundiales.

Dijimos que el proceso bolivariano de retroalimentación posi-tiva impulsado por Hugo Chávez es «fractálico». Un «fractal», tal como lo define la Real Academia Española de la Lengua (RAE), es una «figura plana o espacial, compuesta de infinitos elementos, que tiene la propiedad de que su aspecto y distribución estadística no cambian cualquiera que sea la escala con que se observe». Agrega la RAE que se trata de una voz que proviene del francés *fractal*, y esta del latín *fractus*, «quebrado», inventada por el matemático francés B. Mandelbrot en 1975. En síntesis, un fractal es un objeto geométrico cuya estructura básica, fragmentada o irregular, se repite a diferen-tes escalas, mayores o menores.[5] Muchas estructuras naturales son

---

5   Mandelbrot, B.: *La geometría fractal de la naturalez*, Tusquets Editor, Barce-lona, 1997.

del tipo fractal, el brócoli, la coliflor, un árbol y sus ramas y ramitas. La Revolución Bolivariana rompe las fronteras de Venezuela y continúa acrecentándose en su proceso de retroalimentación positiva, pero replicándose ahora, fractálicamente por América Latina. Al iniciarse el nuevo siglo —y en torno al inesperado e impredecible Hugo Chávez— el sistema dinámico caótico latinoamericano oscila y se tensiona entre un subconjunto que ha iniciado una improbable evolución que propugna un diverso, potente y enriquecido Socialismo del Siglo XXI estructurado en torno al Atractor Bolivariano, y el subconjunto anterior que sigue estructurado en torno al Atractor USA-Corporaciones Mundiales.

El Atractor Bolivariano se configura hoy en la Alianza Bolivariana para los Pueblos de Nuestra América-Tratado de Comercio de los Pueblos (ALBA-TCP). Sus miembros son Antigua y Barbuda, Bolivia, Dominica, Cuba, Ecuador, Nicaragua, San Vicente y Las Granadinas, y Venezuela.

En este contexto, el sistema mayor, cuyo único polo magnético venía siendo el Atractor USA-Corporaciones Mundiales, no cesa en sus propósitos de retrotraer la situación al estado de equilibrio inicial, y genera un proceso de retroalimentación negativa que el año 2010, como consecuencia directa del golpe de Estado del 2009 que derroca al presidente Zelaya, logra desgajar a Honduras del creciente fenómeno bolivariano. Es así como la facilitación de condiciones para golpes de Estado y guerras civiles, y hasta la perpetración de invasiones militares directas, hacen parte del mecanismo homeostático de defensa sistémica contra el ya instalado Atractor Bolivariano.

En las proximidades del ALBA rondan Argentina, a ratos Brasil, y algunos otros de UNASUR. Ante la imposibilidad de revertir el proceso, el Atractor USA-Corporaciones Mundiales opta por instalar un sub-atractor regional que compita con el Atractor Bolivariano. Así, los presidentes Sebastián Piñera (Chile), Alan García

(Perú), Juan Manuel Santos (Colombia) y Felipe Calderón (México) anuncian el 28 de abril del 2011, a través de la Declaración de Lima, su acuerdo para crear una Alianza del Pacífico. García se refiere al acuerdo como un «triunfo claro y definitivo» de un modelo de democracia abierta y moderna. Y agrega que sin la ayuda económica y tecnológica de los pueblos más avanzados, léase los Estados Unidos de América, no se puede nunca superar el retraso y el subdesarrollo.

Pero el Atractor USA-Corporaciones Mundiales, en su guerra contra el Atractor Bolivariano, además de sus maniobras políticas, despliega sus fuerzas bélicas en el campo virtual del ciberespacio y el espionaje electrónico, lo que ha quedado demostrado con el citado caso de Edward Snowden.

La aparición inesperada de Hugo Chávez y del Atractor Bolivariano, así como las respuestas estabilizantes del Atractor USA-Corporaciones Mundiales, ocurren porque un sistema dinámico caótico tiene, entre otras muchas características, la capacidad de generar variedades que, en el caso de los organismos biológicos, les permite la supervivencia. En cambio, un sistema regular o periódico, predecible, que produce confiabilidad y estabilidad, puede conducir directo a la muerte por falta de capacidades adaptativas.[6]

¿Cómo proseguirá en América Latina esta tensión entre el Atractor Bolivariano y el Atractor USA-Corporaciones Mundiales? La Teoría del Caos propone que la evolución de un proceso caótico es impredecible debido a su sensibilidad a las condiciones o perturbaciones iniciales, por lo que la manera más rápida de conocerlo es observándolo de manera permanente, monitoreando su dinámica[7] y evaluando cada cierto tiempo qué desviaciones es probable

---

6   Braun, E.: op. cit., pp.100-101 y 123.
7   Schifter, I.: *La ciencia del caos*, FCE, México, 1996, p. 40.

esperar alrededor de cierto valor promedio y predecir —como en la meteorología— cuáles serán los rangos de comportamiento probable para cierto período según tales y cuáles condiciones. Si ello prosperase, sería esperable un aprendizaje sobre cómo dirigir un sistema utilizando sus facultades de auto-organización, al tiempo que se ajustan los criterios adecuados de control.[8]

Pronóstico preocupante

Sostener la activa retroalimentación negativa contra el Atractor Bolivariano no es solo una deducción derivada de aplicar la Teoría del Caos; es una confesión del Atractor USA-Corporaciones Mundiales. En efecto, en abril del año 2008 apareció el N° 16 de la revista *Perspectiva*, portavoz del cerebro mundial del neoliberalismo, la *Atlas Economic Research Foundation*, creada por Anthony Fisher por recomendación de Friedrich August von Hayek. La revista fue lanzada en Chile por el Instituto Libertad y Desarrollo (LyD). El número estaba dedicado a denunciar al Socialismo del Siglo XXI como «el mismo comunismo del siglo XX, pero con una forma de implementación distinta. Si bien este último ponderaba la lucha armada como la vía más expedita para llegar al poder, el Socialismo del Siglo XXI cambia la fórmula y sugiere utilizar la ruta democrática, apoyarse en un nuevo partido político o camuflarse dentro de uno ya existente con inclinaciones populistas. La idea es tomar el liderazgo poco a poco y con un bajo perfil...». En consecuencia, Hugo Chávez (así como los presidentes Correa y Evo) aparecían para la *Atlas Economic Research Foundation* como el rostro político del nuevo enemigo del mundo diseñado por esa fundación.

¿Por dónde, además, veían ellos asomarse la amenaza? Ni por las bombas molotov de las revueltas estudiantiles callejeras, ni por

---

8 Ibídem: p. 103.

las bombas de ruido, ni por las barricadas ardientes que sirven para entrenar a los policías del Estado con ejercicios reales, sino por las nuevas tecnologías de la información y la comunicación (¡las TIC!). En efecto, el editorial de *Perspectiva* proseguía:

> La estrategia se fundamenta en el uso de las nuevas tecnologías electrónicas de la comunicación y la información, que permiten armar «silenciosamente» redes de grupos objetivo, para así penetrar la academia, el estudiantado, las clases trabajadoras y los estratos sociales más necesitados […] El acceso fácil a internet permite hoy organizar un movimiento político, calle por calle, manzana por manzana, barrio por barrio, con cuadros administrativos proselitistas, hasta construir la pirámide que conecta la cúpula ideológica con las bases en tiempo real, para poder registrar y controlar los adeptos, adoctrinarlos y motivarlos con ayudas económicas, hasta llegar a las urnas [*sic*] en forma segura […].

Ojo: ¡A las urnas! Es decir, su temor es que la proliferación y crecimiento exponencial del acceso a las redes sociales electrónicas —como otro factor de retroalimentación positiva del Atractor Bolivariano— profundice, amplifique y haga más participativa la democracia, o sea, conduzca al Socialismo del Siglo XXI.

Sin embargo, ya que los blogs, Facebook, Twitter y otros recursos, ofrecen una amplia capacidad de interactividad en red, pero a la vez son un multimillonario negocio, parece más fácil que su neutralización venga vía espionaje, como el denunciado por Edward Snowden, y vía censura y prohibiciones bajo cualquier pretexto, en consecuencia, una guerra legislativa.

El temor del cerebro neoliberal del Atractor USA-Corporaciones Mundiales no deja de tener fundamentos: el sociólogo alemán residente en México Heinz Dieterich, uno de los teóricos del Socialismo del Siglo XXI, pertenece a la «Nueva Escuela de Bremen», la que

incorpora los principios de la cibernética, mecánica cuántica y de
equivalencia a la sociología y a su modelo de socialismo. En 1996,
contribuyó a la creación de Rebelion.org. El sociólogo Manuel Cas-
tells en *La Galaxia Internet* (2001) anticipa que «la red es el mensaje»
y que avanzamos hacia la «cultura Internet», hacia la «sociedad-
red», una nueva economía, un sistema global de comunicación y
una forma global de organización.

   Lo que está en juego para el imperio no es «la democracia» ni
«el Estado de derecho» (categorías ideológicas que utiliza y respeta
solo cuando le son útiles) sino prevenir e impedir la posibilidad
real de que en América Latina se siga incrementando el conjunto de
países que en torno al Atractor Bolivariano avancen cada vez con
mayor fuerza hacia la consolidación de sistemas plurinacionales, de
democracias participativas y por ende hacia estas nuevas formas
de sociedad que se están gestando en la búsqueda de una sociedad
más justa».

   Al año siguiente de la publicación de *Perspectiva*, el 16 de abril
de 2009, en la ciudad de Santa Cruz de la Sierra, la policía boliviana
declaró haber frustrado un atentado contra Evo Morales. Y el 28 de
junio del mismo año se produjo en Honduras el golpe que derrocó
al presidente Manuel Zelaya tras una frustrada convocatoria a
votar en una cuarta urna por una Asamblea Constituyente. Los sistemas políticos que encabezaban entonces los mandatarios Hugo
Chávez (Venezuela) , Evo Morales (Bolivia), Rafael Correa (Ecuador) y Daniel Ortega (Nicaragua), estaban muy lejos de ser socialistas; y no era socialista el gobierno de Manuel Zelaya. Sin embargo,
el denominador común que es percibido como amenaza por la burguesía global propietaria de las transnacionales, la clase dominante
del planeta, lo constituyen los pasos hacia un mayor control político
popular desde las posiciones de poder político relativo que logran,
con mayor o menor control sobre las fuerzas armadas y policiales,
ajustándose al mayor o menor campo de maniobras que permiten

las respectivas Constituciones; con mayor o menor organización y capacidad de presión, acción política y respaldo del pueblo, saltándose, como intentó la Unidad Popular en Chile, la tesis ortodoxa del necesario derrocamiento de la burguesía «por la violencia». El presidente Zelaya disponía del poder relativo más débil. Como Lugo, después en Paraguay.

Está claro que a raíz del fallecimiento del presidente Chávez, del decrecimiento del voto con que fue electo el presidente Maduro en comparación con todos los comicios celebrados desde diciembre de 1998, y del aumento registrado por el candidato opositor, en Venezuela se ha iniciado una nueva fase de intensificación de la campaña de desestabilización-golpismo que apuesta a realizar referendos revocatorios contra los funcionarios bolivarianos a todos los niveles (alcaldías, gubernaturas, Asamblea Nacional y Presidencia), en busca de un golpe o colapso en un plazo no mayor a tres años.

¿Por qué este libro?

La guerra del imperio contra la vía pacífica al socialismo y la implantación al mismo tiempo del experimento neoliberal, un solo fenómeno con dos aspectos estuvo en la base de las motivaciones y de la conspiración en Chile contra la Unidad Popular y el presidente Salvador Allende que concluyó con el golpe militar del 11 de septiembre de 1973 y los posteriores 17 años de dictadura. Hoy, cuarenta años después, con particularidades muy diferentes, la historia coloca a la América Latina —Nuestra América— en una polarizada tensión que podría ir *in crescendo*: El Atractor USA-Corporaciones Mundiales versus el Atractor Bolivariano que más allá del ALBA emerge en otros países de la región desde las aspiraciones pluriculturales y autonomistas de los pueblos originarios, desde las aspiraciones y lucha por la exigibilidad de sus derechos de las minorías o mayorías de las distintas «diversidades», en fin, desde los movimientos sociales y ciudadanos, y desde las reivindicaciones históricas de los trabajadores asalariados urbanos y campesinos.

¿Qué hacer para fortalecer el Atractor Bolivariano, neutralizar los ataques que desde distintos ángulos lanza el Atractor USA-Corporaciones Mundiales y en definitiva sostener y desarrollar una democracia participativa en lo político, plurinacional donde sea pertinente, y que asegure una redistribución social y equitativa de la plusvalía, con énfasis en la salud, la vivienda, la educación y la previsión, sin importar que se llame Socialismo del Siglo XXI, capitalismo social o de otro modo, y con sus peculiaridades a la chilena, a la boliviana, a la ecuatoriana, etc.? ¿De qué manera la experiencia de lo ocurrido en Chile entre 1970-1973 nos sirve hoy para desenmascarar, contrarrestar y derrotar las actuales campañas de desestabilización? Esperamos que los lectores encuentren en este libro no una receta —que no la hay ni podría haberla— sino alfilerazos, estímulos, motivaciones para desde la historia, o mejor, desde un discurso sobre la historia, y desde su propia experiencia, observar y analizar el presente y diseñar una estrategia factible y viable para construir el futuro.

Esta mirada desde la Teoría del Caos aplicada a las ciencias sociales es coloquial y básica, para los efectos de esta presentación, pero existe la posibilidad de construcción de modelos matemáticos y simulaciones prospectivas que contribuyan a diagnósticos, monitoreos y pronósticos sobre los destinos de Nuestra América, el Atractor Bolivariano y la estructura que se ha ido configurando bajo su influencia.

Juan Jorge Faundes
Santiago, de Chile, 12 de julio de 2013

PRIMERA PARTE

Entrevista a Manuel Cabieses

Sabíamos que venía el golpe, pero no cuándo, cómo… ni qué era un golpe militar

Entrevista a Manuel Cabieses por Juan Jorge Faundes

Prisionero de guerra en Chile

Manuel Cabieses es alto y corpulento, hoy con pelo y bigotes blancos. No logro imaginar cómo pudo vivir clandestino en Chile desde 1979 y hasta el fin de la dictadura, pasando inadvertido durante diez años, militando en la resistencia a la dictadura como dirigente del Movimiento de Izquierda Revolucionaria (MIR). Pero lo hizo. Y sobrevivió, aunque como él mismo lo recuerda, la mayoría de sus compañeros que lo acompañaron en la fundación y primera etapa de la revista *Punto Final*, así como en la clandestinidad, están muertos. «Ojalá puedas mencionarlos para no aparecer como el "héroe" de la película…». Y me entrega una nómina, completo algunos datos en el archivo histórico de la revista y «San Google». Mario Díaz Barrientos, «El Chico» Díaz, cofundador y primer director de la revista entre septiembre de 1965 y febrero de 1966. A Mario Díaz correspondió llevar a Cuba el Diario del Che Guevara en Bolivia, cuyos originales llegaron a manos de *Punto Final*. La recuperación del Diario valió a la revista su publicación exclusiva para América del Sur. Fue la edición Nro. 59, de julio de 1968, que vendió más de 65 mil ejemplares en Chile. «El Chico» Díaz murió en el exilio, en Buenos Aires, el 13 de agosto de 1984.

Augusto Olivares, «El Perro» Olivares, jefe de prensa de Televisión Nacional de Chile y asesor de Allende, combatió en La Moneda el 11 de septiembre de 1973 junto al Presidente y para no rendirse se suicidó de un tiro poco antes de que lo hiciera Allende. Jaime Barrios, a quien Cabieses se refiere más adelante como colaborador del Che y el impulsor de la revista, también combatió en La Moneda y es uno de los detenidos desaparecidos de esa gesta. Máximo Gedda, cineasta y poeta, detenido por la DINA, desaparecido desde el 16 de julio de 1974. Jane Vanini, brasileña, secretaria de la revista, asesinada en Concepción por la Infantería de Marina el 6 de diciembre de 1974. Había ingresado a Chile en 1971 como exiliada política de la dictadura instaurada en su país y era compañera del periodista y dirigente del MIR José Carrasco Tapia. Augusto Carmona, periodista, asesinado por la CNI el 7 de diciembre de 1977 con disparos por la espalda. José Carrasco Tapia, asesinado por la CNI en 1986 como represalia por el atentado del Frente Patriótico Manuel Rodríguez (FPMR) a Pinochet. Julio Huasi, poeta y periodista argentino, el 11 de marzo de 1987 fue encontrado muerto en su departamento de Buenos Aires presumiéndose suicidio. Jaime Faivovich, abogado socialista, murió exiliado en México, y Alejandro Pérez, abogado y primer gerente de la revista, murió en Chile después de un largo exilio en Cuba.

Ahora Manuel Cabieses está frente a mí, en su despacho de *Punto Final* en calle San Diego con la Alameda, al lado de la casa central de la Universidad de Chile, en el corazón del centro de Santiago, revista de la que es cofundador y director desde su primer número como tal, el Nro. 10, en agosto de 1966. En sus nueve números anteriores, desde septiembre de 1965 y hasta febrero de 1966, *Punto Final* fue un folleto que publicaba un reportaje por vez, a fondo, hasta agotar el tema. Pero de todo ello nos hablará más adelante. Su escritorio soporta un viejo y voluminoso computador al que logró resignarse y habituarse tras sustituir la clásica máquina de escribir. En ese espacio escribe, edita y dirige su revista, siempre cordial y sin abandonar un a veces negro sentido del humor. Estamos a punto de iniciar esta entrevista cuando con su brazo izquierdo abre un cajón y me muestra un ejemplar del número 192,

el que alcanzó a salir a los quioscos el día martes 11 de septiembre
de 1973 con el titular: «Soldado, la patria es la clase trabajadora».

—Este fue el último número, yo lo vi en los quioscos —dice—.
Me acuerdo haberlo visto.

—Cuéntame cómo fueron esos momentos… ¿Dónde estabas tú?
¿Venías a la revista? ¿Te ibas a esconder? ¿Ibas a pelear?

—Yo vivía cerca de avenida Bilbao en la comuna de Providencia, en la calle Los Grillos. Ahí vivíamos en un apartamento con
mi familia y ese día yo salí como todos los días a trabajar al diario
Última Hora que era un vespertino, por lo tanto se trabajaba en las
mañanas muy temprano. Naturalmente, ya iba con la información
que la radio estaba transmitiendo. Sobre todo se hablaba a esa hora
del levantamiento de la Marina en Valparaíso. No había una información muy global o precisa. Había indicativos de un movimiento
militar. A esa hora de la mañana uno podía suponer, falto de información detallada, que podía ser un nuevo intento como el tancazo
de junio. Como te decía, iba rumbo al diario *Última Hora* donde
además yo era presidente del sindicato de los trabajadores. Hacía el
trayecto en locomoción colectiva, funcionaba en micro; en esa época
no había Metro ni yo tenía auto, de manera que hacía un recorrido
por Bilbao y Vespucio hasta el centro, a calle Tenderini 171, frente
al Teatro Municipal, donde funcionaba la redacción. La imprenta
estaba en calle Lira, en el Partido Comunista.[1] En el trayecto vi un
quiosco de diarios abierto y, como siempre me he preocupado de
ver que la revista estuviera en los quioscos, miré y la vi, allí estaba.

---

[1] Se trataba de la imprenta Horizonte, del Partido Comunista, en calle Lira
363, fundada por Manuel Recabarren, padre de la prensa obrera en Chile,
la que se modernizó gracias a Pablo Neruda que donó parte del premio
Lenin de la Paz y del premio Nobel, renovándose las antiguas maquina-
rias y adquiriendo una rotativa alemana, siendo en 1973 la imprenta más
moderna de Chile, donde se imprimían, además de *Última Hora*, los diarios *El Clarín* y *El Siglo*. Cfr.: Cautivo, D. (s.f.). *Hasta siempre comandante*.
Recuperado el 6 de julio de 2013, de «Imprenta Horizonte: de Recabarren
a Neruda» (http://www.hastasiempre.info/article.php?article=1153&lan
g=espagnol).

Yo me bajaba en la Biblioteca Nacional y caminaba unas cuadras hasta el diario. Lo único extraordinario en el trayecto fue ver pasar a un carabinero con el revólver en la mano, muy apurado, eso sería como a las ocho y media. No vi desplazamiento de fuerzas militares. Y llegué al diario donde fueron llegando todos los que trabajábamos ahí. Y bueno, comenzamos a trabajar y a escuchar la radio —por entonces no estaba generalizada la TV—, escuchábamos las radios amigas, el primer mensaje de Allende y comenzamos a llamar por teléfono, a tomar contactos. Era un caos desde el punto de vista informativo. Ninguna fuente al alcance nuestro tenía una información dura, completa. No estábamos conectados con el presidente Allende, seguramente nos comunicamos con José Tohá, quien fue director del diario, y seguramente con otras personas vinculadas al diario, que en ese tiempo ya era del Partido Socialista. Y empezamos a organizar el trabajo. Por ejemplo, yo en esa época, si mal no recuerdo, cubría el Congreso.

Todavía no despertábamos a la realidad y suponíamos que íbamos a sacar una edición extraordinaria del diario, lo más rápido posible, llamando al pueblo a defender el gobierno. Esa era la línea editorial ese día y nos pusimos manos a la obra con esa perspectiva. El diario salía normalmente tipo tres de la tarde, se trataba de galopar y sacar lo más pronto posible una edición más resumida con lo esencial de lo que estaba ocurriendo. Y, sobre todo, llamando a la gente a defender al gobierno.

Todo esto se desmoronó a las once de la mañana cuando supimos que la imprenta había sido desocupada por los trabajadores y ocupada por militares o carabineros,[2] es decir no había imprenta.

---

[2] «…el 11 de Septiembre de 1973, la imprenta Horizonte […] fue saqueada y confiscada por la dictadura. En ella trabajaban más de 500 personas, muchas de las cuáles fueron detenidas y algunas asesinadas entre ellas Víctor Díaz, Uldarico Donaire y Juan Villarroel, dirigente de los trabajadores de Horizonte». (Cautivo).

Luego, no me acuerdo los horarios, viene el ataque a La Moneda; primero el ataque por tierra, la rodean, hay carros blindados, disparos y luego el bombardeo, como a medio día creo.[3] En el tercer piso estaban los archivos y había una terraza. Me recuerdo que presenciamos el bombardeo aéreo de La Moneda desde esa terraza; la redacción estaba en el segundo. Tenderini es una calle que está a corta distancia de La Moneda, a cuatro cuadras y media. Desde esa altura vimos la acción del bombardeo que para mí —y pienso que a muchos chilenos les ocurrió lo mismo seguramente—, fue la evidencia del golpe. Por nuestra formación cultural cívica, por nuestra educación, era inimaginable un bombardeo aéreo a La Moneda. Y eso se correspondía pienso con una especie de estado de no saber qué hacer en ese momento. Como yo era el presidente del sindicato del diario, me arrogué ciertas facultades. Me di cuenta que lo que

---

[3]   Aviones caza-bombarderos Hawker Hunter de la Fuerza Aérea de Chile (FACH) disparan cohetes Sura P3 sobre la sede del gobierno. Los caza-bombarderos vienen del Sur, dan vuelta por detrás del Cerro San Cristóbal (al Norte), pican perdiendo altura sobre el Centro y a la cuadra de la Estación Mapocho hacen fuego. El periodista Eduardo Labarca asegura que el primer disparo contra La Moneda, que perforó la puerta principal, lo hizo el teniente de 24 años Ernesto Amador González Yarra (*Pekín*), «famoso por su talento de piloto y certera puntería». El segundo ataque estuvo a cargo de Fernando Rojas Vender (*Rufián*), quien llegó a ser comandante en jefe de la FACH. Su primer disparo apuntó al techo del palacio presidencial. En una última pasada, los pilotos usaron cañones de 30 mm. La operación fue coordinada desde tierra por el operador aéreo, comandante Enrique Fernández Cortez (*Gato*). Hay discrepancias en torno a la hora exacta del ataque a La Moneda. Según el coronel López Tobar, comandante de la operación, comenzó pocos minutos antes de las 11:30. El almirante Patricio Carvajal, jefe del Estado Mayor del golpe, sitúa el ataque entre las 11:52 y las 12:08. Según el general Gustavo Leigh, entonces comandante en jefe de la FACH, el ataque tuvo lugar «después de las 12». Hacen 17 impactos perfectos en el Palacio de La Moneda y se desata un violento incendio. A la quinta pasada los aviones disparan sus cañones automáticos Rolls Royce Aden calibre 30 mm. Cfr.: Labarca, E. (6 de julio de 2012). *El Mostrador*. Recuperado el 6 de julio de 2013, de «Estos pilotos bombardearon La Moneda» (http://www.elmostrador.cl/opinion/2011/07/06/estos-pilotos-bombardearon-la-moneda/).

había que hacer era que cada uno se fuera para su casa; ya no había caso sacar el diario; el golpe había llegado al nivel del bombardeo, habíamos escuchado el mensaje de Allende, el último mensaje que era inequívocamente la despedida de un hombre que va hacer lo que después hizo. Era evidente su propósito. Además había manifestado muchas veces su decisión de morir si fuese necesario en defensa de su cargo, de la Constitución, las leyes y de todo eso en que Allende creía y defendía.

De manera que nos fuimos. En esa época yo era militante del Movimiento de Izquierda Revolucionaria y teníamos la orientación de tener un lugar seguro donde estar en caso de emergencia, un lugar alternativo a nuestros lugares habituales, una «casa de seguridad». Además, se habían establecido sistemas de emergencia con las instancias superiores del MIR. Tenía una vaga idea de que se iba a resistir, pero sin saber cómo ni con qué. Como después se pudo comprobar junto a otros muchos compañeros miristas y de otras organizaciones, no estábamos preparados para el golpe.

Los exiliados brasileños y argentinos que habían llegado a Chile nos habían advertido de esta debilidad que tenía la izquierda chilena, que cojeábamos de ese lado; no teníamos idea clara de lo que era un golpe, no lo habíamos vivido, entonces teníamos una visión digamos romántica, o una sobre estimación de nuestras capacidades colectivas y de las organizaciones políticas y sindicales para resistir un golpe. Además, a esa altura, no teníamos la más remota idea de lo salvaje que iba a ser.

A lo que voy, quizás para disculparme, no me había preparado, sabía que tenía que tener un refugio, pero no me había preocupado de hacerlo. Sabíamos que venía el golpe, pero no cuándo, cómo… ni qué era un golpe militar. El golpe fue el martes y el domingo anterior, en la noche, con mi mujer y un compañero cubano —que era el responsable del trabajo con el MIR—, fuimos al cine Las Lilas. El ambiente en Santiago era para cortarlo con un cuchillo. En el cine

—un cine de barrio alto— pasaron un noticiero de Chile Films,[4] salía Allende y era una pifiadera total. Ese era el ambiente y con este amigo cubano, bien informado, pues la embajada tenía buena información, por supuesto hablamos del golpe, pero jamás pensamos que estábamos a menos de 48 horas del mismo. Te cuento esta anécdota porque refleja el estado de empelotamiento general que había respecto a esta situación. De manera que pedí irme para mi casa. Ya se había acabado la locomoción colectiva, las micros se estaban retirando, había patrullas militares; así, de alguna manera llegué a mi casa, estaba solo. Mi mujer era enfermera universitaria y trabajaba en un consultorio en la calle Maruri (en el sector Norte de Santiago). Mis hijos estaban en el liceo. De tal manera que yo estaba solo y pensando qué cresta hacer y para dónde ir. Y bueno en ese momento —lo llamé o me llamó— me tiró un salvavidas un cuñado mío, que era un hombre de derecha, un hombre de derecha pero muy noble. El hecho es que me llamó para que me fuera para su casa, y para su casa me fui. Vivía cerca de Tomás Moro donde quedaba la casa de Allende que también bombardearon; vivía a unas cuatro cuadras de la casa de Allende.

Un pájaro triste

Desde donde yo vivía, había unas veinticinco cuadras hasta la casa de mi cuñado. Era una zona de pequeña burguesía alta y media acomodada. Me fui caminando; no tenía otra forma. Y pude ser testigo de algo que me marcó para toda la vida. Ver la alegría que reinaba en ese sector de la ciudad, la gente en las casas, las radios

---

4   El noticiero al que se refiere Cabieses puede ser visto por los lectores en YouTube; hace referencia a la celebración, el día jueves 4 de septiembre de 1973, del tercer aniversario del gobierno de la Unidad Popular y fue proyectado en los cines el domingo 9 (cuando lo vio Cabieses). Cfr.: Chile Films (9 de septiembre de 1973). *Youtube*. Recuperado el 6 de julio de 2013, «Noticiero Nacional N° 9 - Chilefilms – 1973» (http://www.youtube.com/watch?v=FLzEvYDsQ2o).

a todo volumen, las radios transmitiendo los bandos de la Junta y música militar. Era el alborozo. Era la patria liberada. La gente salía a la calle tomando tragos, en algunos lugares hacían asados, habían sacado carne para los asados a pesar de toda esa escasez terrible que había en aquellos tiempos. Era lo que tenían guardado; se abrazaban. Yo debí de haber sido un pájaro muy raro, *weón*. Era un pájaro triste en medio de ese jolgorio, de esa alegría desbordante: ¡Por fin cayó! ¡Vivan los militares! ¡Vivan las fuerzas armadas! Música de baile.

Fue muy impresionante para mí hacer ese recorrido hasta llegar a la casa de mi cuñado, donde estuve pocos días, porque tomé contacto con el MIR, con Pepe Carrasco[5] que era mi encargado superior y con él acordamos encontrarnos en algún lugar porque me iba llevar a una casa de seguridad. Mi mujer estuvo dos días metida en el consultorio de Maruri donde habían preparado un hospital de campaña, había buena organización de la UP y del MIR para recibir heridos y finalmente, en ambulancia, repartieron al personal, entre ellos a ella. Mis hijos se habían ido para la casa de una hermana de su mamá, estaban allá. Pero no nos habíamos comunicado. No sabíamos nada de qué había pasado con nosotros. A la Flora, mi mujer, solo cuando estuvo en la casa de su hermana, mi cuñado le

---

5   José Humberto Carrasco Tapia, «Pepone» (Santiago, 24 de agosto de 1943-8 de septiembre de 1986) Dirigente del MIR y periodista. Fue secuestrado y ejecutado por agentes de la dictadura la noche del 8 de septiembre de 1986 como represalia por el atentado a Pinochet donde murieron cinco escoltas del dictador. Al momento de su muerte, era editor internacional de la revista opositora *Análisis*. El 28 de diciembre de 2007, la Corte de Apelaciones de Santiago confirmó el fallo que condenó a 14 ex agentes de la disuelta Central Nacional de Informaciones (CNI) por su asesinato y el de otros tres profesionales: el militante del MIR Gastón Vidaurrázaga, y los militantes del Partido Comunista (PC) Felipe Rivera Fajardo y Abraham Mufkatblit Eidelstein. Los jefes del operativo fueron el mayor (r) del Ejército y ex jefe operativo de la CNI, Alvaro Corbalán Castilla, el capitán (r) del Ejército Jorge Vargas Bories y el mayor (r) de Carabineros Iván Quiroz, condenados 18 años y un día de prisión el primero, y a trece años y un día, los segundos.

llevó noticias mías y mi anillo de matrimonio como recuerdo. Le dije que se lo entregara como recuerdo por si me pasaba algo.

En ese contexto me conecté con Pepe Carrasco y me pasaron a buscar a un lugar cercano a la casa de mi cuñado. En esa casa fue donde yo vi por televisión la instalación de la junta militar, los discursos de Pinochet, las detenciones de gente de la Unidad Popular, la UP. Por cierto, habían salido bandos llamando a personas a presentarse ante las autoridades militares y en uno de ellos estoy yo también; dentro de los buscados. Entonces, seguir en la casa de mi cuñado era una situación incómoda. No quería poner en peligro a esa familia que se había portado bien y que no tenía nada que ver conmigo políticamente, por el contrario. Estaban también nerviosos porque ya había una dimensión y cierta conciencia de lo duro que era la represión. Estaba cayendo gente, corrían rumores, hubo dos o tres días de estado de sitio, no se podía mover la gente de sus casas. Sin poder salir, se comunicaban por teléfono.

Bueno, entonces, como al tercer día de estar ahí, el Pepe y un compañero argentino que después lo matan, Patricio Biedma Schadewaldt,[6] un sociólogo casado con una chilena mirista, me pasan a

---

6   De nacionalidad argentina pero con residencia definitiva en Chile desde 1968, el sociólogo Patricio Biedma volvió a Argentina, posteriormente al 11 de septiembre de 1973, debido a la persecución política de la cual fue objeto en Chile. Mantuvo su actividad política al interior del MIR chileno, trabajando junto a los máximos líderes de este movimiento. Se ha acreditado que Patricio Biedma fue detenido en un allanamiento «tipo rastrillo» en julio de 1976, en Buenos Aires y llevado a varios recintos, entre ellos «Automotores Orletti» dependencia del SIDE-organismo de seguridad con el cual la DINA mantenía estrechas relaciones. En dicho recinto, Patricio Biedma fue interrogado por un militar chileno, lo que consta en varios testimonios de detenidos argentinos. La suerte final del sociólogo debe ser relacionada con la de Edgardo Enríquez y Jorge Fuentes. Durante su cautiverio Patricio Biedma comunicó a un testigo su aprehensión de que sería trasladado a Chile. Cfr.: Informe Rettig (17 de julio de 2010). *Memoria Viva*. Recuperado el 8 de julio de 2013, de «Patricio Biedma Schadewaldt» (http://memoriaviva.com/Desaparecidos/D-B/biedma_schadewaldt_patricio.htm).

recoger en un vehículo. Entonces Pepe Carrasco y yo, como buenos periodistas, no encontramos nada mejor que —antes de irnos a la casa de seguridad donde me iba a quedar—, ver La Moneda. Y nos fuimos para el centro.

Un carabinero legalista

En la calle Santa Lucía, a pocas cuadras de La Moneda, nos encontramos con una cola de vehículos. Los estaban controlando los militares. Hacían bajar a la gente, abrir el maletero. Hasta que llegaron a revisarnos a nosotros. Todo iba bien porque no llevábamos armas. Pero me tuve que bajar y alguien de la fila de autos me reconoció y se lo dijo a los carabineros que hacían la revisión. Entonces me separaron del grupo y me llevaron a una comisaria de tránsito en la calle Huérfanos. Era de los pacos de tránsito, y ahora ya no existe. A Pepone y a Patricio los dejaron ir. Luego, cuando mucho tiempo después nos volvimos a ver, Pepone me confesó que pensaba que me habían fusilado y estaba muy enojado consigo mismo por esta locura.

Bueno, entonces me llevaron a esa comisaria de tránsito con manos en la nuca, con un fusil apuntándome, y en la comisaria estaban muy felices porque hasta entonces no habían hecho ninguna captura notable. Es decir, de aquellos publicados por la prensa, en *El Mercurio*, en *La Tercera*, con fotos, entonces estaban felices conmigo; digo «felices» para ser sarcástico. Entre varios me empezaron a golpear, a maltratar. Y empezó a llegar otra gente. Apareció un oficial de la FACH con una pistola apuntando a un joven en la nuca. Lo traía preso de esa forma para entregarlo a la comisaria y diciendo a gritos que era un guerrillero cubano —según la versión de la derecha había en Chile guerrilleros cubanos—, pero el joven gritaba que era panameño y que estudiaba en Chile. No le hacían caso. A mí me habían golpeado en forma relativamente delicada comparada con la forma en que le sacaban la cresta a este pobre muchacho.

Al rato apareció una patrulla en un jeep, con un oficial y un cabo, a buscarme. Y el oficial de carabineros que estaba de guardia en la comisaría —un tipo joven, sin importancia, de alguna manera me salvó la vida porque era muy formalista— redactó un parte de la detención mía: que yo era fulano de tal con carné número tanto y obligó al oficial del jeep a poner su firma recibiendo al preso, que era yo. Quizás me estoy poniendo demasiado legalista para justificar por qué no me mataron, pero pudo haber sido así. Y claro, después volví a encontrar a este carabinero, creo que debe haber sido buena gente o de izquierda, pues se preocupó de esos detalles administrativos.

El hecho es que me llevaron en el jeep hasta el Ministerio de Defensa, frente a La Moneda, con un fusil en la frente. En el trayecto se escuchaban disparos, pienso que deben haber sido los mismos milicos para mantener el ambiente, porque a esa altura no había ninguna resistencia. Cuando íbamos entrando al ministerio, iban saliendo dos ilustres conspiradores de toda esta cuestión, Rafael Cumsille, presidente de la Confederación Nacional del Comercio Detallista y Turismo de Chile (Confedech) y León Vilarín, presidente de la Confederación Nacional del Transporte. Ambos todavía existen, son eternos. Venían los dos con una sonrisa de oreja a oreja saliendo del ministerio de Defensa. Debió debe ser el 13 ó 14 del septiembre, en la tarde. También salía un diplomático hindú. Entonces me llevaron a un piso, quinto o sexto piso, a una oficina. No me preguntaban nada. A esa altura estaba el despelote en el Ministerio de Defensa. Circulaba gente, escuchaba gritos, voces de mando, órdenes. De repente me empezaron a golpear. Me tiraron al suelo. Me dieron patadas y culatazos, caminaban encima de mí, como te diría, parecía como un ejercicio que estaban haciendo, porque no era un interrogatorio o algo que se le pareciera, simplemente me golpeaban, sin hacer preguntas. Luego de eso me sacaron de esa oficina, yo andaba trayendo una bufanda, me la pusieron como venda en los ojos y me estacionaron en un pasillo contra la pared, largo rato, una hora o más, no sé, porque uno va perdiendo el sentido del tiempo. Después, otros decidieron seguir divirtiéndose conmigo y me llevaron a algo que yo no veía, pero me hicieron tantear con el pie lo que era el piso del ascensor, diciendo que me iban a tirar. Pero a cambio de nada; quizás si me hubiesen preguntado algo hubiera confesado hasta el asesinato de Kennedy, pero nada.

Era, qué se yo, gritos como «¡concha de tu madre!», «¡hijo de puta!», cosas así. Luego me llevaron a una sala más grande y ahí me notificaron que me iban a fusilar, me pusieron contra la pared y sentí que pasaban bala en una pistola o fusil, había varios, se oían voces, hicieron la comedia de que me iban a fusilar y yo me la creí. Pensé que iba ser fusilado. Menos mal que no me cagué ahí mismo y no pude pronunciar ninguna frase para el bronce. Enseguida me amarraron los pies con una soga y me tiraron por una ventana. Debe haber sido desde la parte de atrás del Ministerio de Defensa. Y ahí estaba como un péndulo, cabeza abajo, vendado, con las manos y pies atados, y me decían que me iban a soltar. Eso debe haber durado unos cuantos minutos, tres, cuatro. Yo no sé para qué hacían eso, quizás para entretenerse, luego me sacaron del ministerio. Yo no sabía por dónde iba, pisaba lo que parecía basura y había un hedor, digamos de basural. Pensé que como me iban a fusilar —y circulaban rumores de que habían fusilado gente en basurales, aparte de la ribera del río Mapocho— pensé que era aquí. Hicieron el simulacro con un par de tiros al aire. Terminado el show me llevaron al Estadio Chile, hoy Estadio Víctor Jara.

Allí me llevaron a un lugar donde alguien da la orden de quitarme la venda y soltarme las manos. Me encuentro en una sala grande en la que había varios oficiales tomando café, fumando, como en descanso. La «reunión» la presidia un oficial mayor, debe haber sido un coronel. Al parecer habían elaborado un documento de quien era yo y el coronel entabla un diálogo conmigo. Era un oficial que tenía cierta formación política, digamos, y empezó a dialogar conmigo sin insultos ni groserías, en forma correcta, pero siempre de autoridad a prisionero. Su discurso central no lo recuerdo en detalle —pero lo volví a escuchar después de otros milicos, en campos de prisioneros—, era que los militares habían dado este golpe o «pronunciamiento» como lo llamaban ellos, por el estado de caos que había en el país, escasez de alimentos, etc., por la situación caótica y la presencia de los comunistas en el gobierno y porque el país iba a una dictadura comunista. Sin embargo, precisó que ellos no pensaban quitar beneficios sociales, que su idea no era atacar a los trabajadores ni a las clases populares, sino que al contrario, iban a hacer un gobierno honesto, patriótico. Era un tono de discurso nacionalista y progresista, ese era el discurso de este coronel. Y entabló un diálogo conmigo sobre el socialismo, sobre qué pretendíamos nosotros. Yo le contestaba con mucho cuidado. No me reprimieron ahí el derecho a hablar. El resto de los oficiales fumaba, tomaba café, escuchaban, no intervenían, solamente hablaba este señor, debe haber durado un buen rato, pasó por lo menos más de media hora de este «dialogo» en el que más hablaba era él.

Cuando termina el diálogo le ordena a uno de los oficiales que me lleve una celda. Este oficial me lleva, íbamos por los pasillos interiores del Estadio Chile, donde había muchos presos. La mayor concentración de presos estaba en las canchas, en las galerías, pero a mí el oficial me conducía por los subterráneos. Había presos contra la pared, algunos vendados y otros manos arriba; a algunos les estaban dando como caja. Lo que más me impresionó fue uno que estaba tirado en el suelo, seguramente moribundo, el compañero había sido el director de Prisiones. Yo nunca he visto tantos golpes, culatazos, patadas, algunos estaban de civil, otros con brazaletes. Deben de haber sido gente de Patria y Libertad que estaban operando junto con los milicos, deteniendo gente, torturándola. Todavía la tortura no se sofisticaba, eran golpes, producían dolor, pero no habían llegado a la etapa más «exquisita» de la tortura. Pasamos al lado de este compañero que estaba muriendo, y efectivamente murió. Se llamaba Littré Quiroga,[7] era comunista, le reprochaban por el general Viaux, que había estado preso.

Carrera política de preso

Llegamos finalmente a un camarín, a una puerta cerrada que llevaba a un camarín. El oficial había venido conversando conmigo durante el camino. Todo muy civilizado, iba con su fusil como quien anda cazando, conversando conmigo y siguiendo la corriente discursiva del coronel. Me contó que era descendiente de alemanes, que había nacido en el sur, que había estado en la RDA de visita y que le habían admirado muchas cosas, como la organización y sobre todo la agricultura porque era de una familia de agricultores; también me contó que él había pilotado el tanque que botó la puerta del ministerio de Defensa para el tancazo. A este oficial lo han relacionado con un tipo que llamaban «El Príncipe», que fue el torturador principal del Estadio Chile. Yo no creo que fuera «El Príncipe», pero bueno, el hecho es que llegamos a la puerta del camarín conversando civilizadamente en medio de los gritos de

---

7   Littré Quiroga Carvajal, 33 años, abogado, Director Nacional de Prisiones, militante comunista. La Comisión [Rettig] se formó convicción de que Littré Quiroga fue ejecutado por agentes del Estado al margen de todo proceso, constituyendo ello una violación a sus derechos humanos fundamentales. Se basa su convicción en que se encuentra acreditada su detención, así como su presencia en el Estadio Chile; que su muerte fue producto de múltiples heridas de bala y su cadáver fue encontrado junto al de otros ejecutados en similares circunstancias; y que tales heridas por su carácter y fecha de ocurrencia, razonablemente solo pudieron ser causadas por agentes del Estado. Su cuerpo fue encontrado en la madrugada del día 16 de septiembre, junto con otros cinco cadáveres entre ellos el de Víctor Jara, cerca del Cementerio Metropolitano. Cfr.: Informe Rettig. (17 de julio de 2010). *Memoria Viva*. Recuperado el 8 de julio de 2013, de «Littré Quiroga Carvajal» (http://www.memoriaviva.com/Ejecutados/ Ejecutados_Q/quiroga_carvajal _littre_.htm).

los torturados, abre la puerta y aparece con un tajo en la cabeza y chorreando sangre este gallo que había sido ministro del Trabajo de Allende hasta el golpe, un dirigente sindical comunista llamado Jorge Godoy. El PC lo expulsó porque había aparecido en la tele en esos días haciendo un llamado a los trabajadores a que no se resistieran, a que se desmovilizaran, que la dictadura no los iba tocar, un llamado a la calma. Aparece en escena con un golpe en la cabeza y creyó que yo era un funcionario de la dictadura —tal vez porque no venía chorreando sangre y con este oficial que se mostraba tan amistoso conmigo— y se transformó. Me dice: «¡Señor, señor, mire como me tienen! ¡Mire como me están tratando!», algo así —como ya murió no quiero ponerle palabras que no recuerdo bien. Pero estaba según él sufriendo un maltrato injustificado. Entonces tuve que decirle con mi mejor sonrisa que yo también era preso, que no le podía solucionar el problema. Es una de las cosas divertidas que recuerdo.

El oficial nos dejó a los dos solos. Había una ducha, una banca. Él no me conocía, le dije quién era y me contó que lo habían obligado, bajo amenaza de fusilamiento, a dar esas declaraciones. Estaba muy arrepentido de haberlo hecho, pero era la única forma de salvar su vida. Ahí debemos de haber estado como tres días. En este periodo nos dieron una marraqueta y la compartimos. Comíamos de a pedacitos para que nos durara. Teníamos agua en abundancia, pero de comida nada. Para ser justos, creo que nos deben de haber dado un café o una taza de té, algo así. Bueno, pasaron dos o tres días quizás y nos sacaron y llevaron a otro camarín más grande donde había otro lote de presos. Varios habían sido subsecretarios[8] del gobierno de Salvador Allende. Algunos eran socialistas, comunistas, funcionarios de alto nivel digamos. De ahí nos sacaron en fila india rumbo a unos camiones —de esos frigoríficos que usaban las pesqueras que existían en aquella época. A la pasada, entre la

---

8   En la administración pública chilena un subsecretario es un viceministro.

celda y la salida hacia el camión frigorífico, vi a un lado a Víctor Jara. No iba en la fila, íbamos caminando rumbo al camión y a mi izquierda lo vi. Había una luz que le daba en la cara, lo que lo hacía más distinguible. Aparentemente no estaba torturado; se me quedó grabada su sonrisa medio irónica, era como un gesto de ironía, o yo lo interpreté así. Tal vez era una mueca. No sé. Todo lo que se ha dicho sobre la suerte de Víctor Jara y lo que le sucedió, creo que es posterior a ese día. Porque hasta ese momento no se hablaba de ello en las galerías del estadio. Se veía entero en esa actitud un tanto desafiante, estaba de pie, en el pasillo.

Nos metieron al camión como sardinas, era asfixiante. El camión se fue por unas calles con tierra y pensamos que nos llevaban a fusilar. En esa situación de no saber para dónde íbamos ni si nos iban a fusilar, salían tallas que hacían reducir la tensión, de humor negro por supuesto. Y este hombre, el ex ministro del Trabajo, Godoy, seguía al lado mío. En un momento me tomó de la mano. En esa época yo era bastante homofóbico y que me tomara de la mano un hombre me produjo una sensación de rechazo; pero entendí que estaba angustiado. No era para criticarlo, todos estábamos angustiados. Unos más calmados, otros con más sentimientos. Hice el trayecto hasta el Estadio Nacional tomado de la mano de Godoy. Nos bajaron del camión. Ya estaba medio desmayado por la falta de aire. Algunos se habían desmayado. Nos bajaron y nos dieron una tanda de palos. Había una fila de pacos y nos hicieron pasar por el medio corriendo. Nos iban dando culatazos, patadas, golpes, todo ese tipo de cosas hasta que fuimos a parar, en el caso mío —a Godoy lo llevaron para otro lado— a un camarín. Después nos enteramos de que además había presos en las galerías del Estadio Nacional. Me tocó un camarín donde estaba la mayoría de esos subsecretarios —de Educación, del Trabajo— y varios médicos, pero no era una selección especial, sino que tocó eso. Y ahí quedamos. Inicialmente disponíamos solo de las bancas peladas, no había con qué abrigarse, pero luego distribuyeron mantas y más adelante colchonetas; también después nos dieron de comer. Y en esos camarines comienzan las primeras organizaciones de presos porque, entre otras cosas, los milicos a cada rato pedían listas de nombres de los que estábamos ahí y las teníamos que hacer nosotros. Quizás eso mismo nos llevó a pensar en organizarnos y a elegir un jefe de camarín. Eso se produjo también en los otros camarines. El jefe de camarín se elegía democráticamente y su primera función fue hacer las listas. Entonces me tocó ser jefe de camarín y ahí comenzó mi carrera política de preso. Había que preocuparse de la administración interna, de la relación con los militares, pedir algún medicamento, recibir los presos nuevos que llegaban, en fin todo ese tipo de cosas. El camarín es ese espacio donde se desvisten y duchan los equipos de fútbol. Pero nos metían mínimo sesenta personas, hasta noventa, entonces había que distribuir colchonetas, frazadas y los espacios para dormir. Nos dimos también un tipo de organización para pasar el tiempo, inventar cosas, por ejemplo si algún gallo sabía recitar un poema o cantar, contar la vida de cada uno, quién era, qué hacía. Más adelante nos enteramos de la muerte de Pablo Neruda e hicimos un pequeño acto. Alguien recitó un poema. Hacíamos actos de recepción y de despedida cuando alguno se iba. Porque a algunos los liberaban. A otros los iban a buscar para torturarlos.

En el Estadio Nacional se instaló un centro de tortura asesorado por brasileños. Así nos fuimos dando formas iniciales de organización que alcanzarán mucho desarrollo en los campos de prisioneros. Pero, en general, creo que todavía no captábamos el significado del golpe. En el camarín que yo estaba, el inicial, porque nos fueron cambiando, seguía yo de jefe de camarín, y llegó un grupo de obreros de una industria de Puente Alto. Llegaron con overoles, sin ropa interior. Los habían agarrado presos en sus industrias y llevado para el estadio. Eran un grupo de 10 ó 15 compañeros obreros, la mayoría comunistas. El jefe era un hombre de más edad. Después de varios días los soltaron y les hicimos un pequeño acto para despedirlos. A mí me tocaba decir algunas palabras y el compañero jefe del grupo, o el que hacía las veces de tal, me dice: «Mire compañero Cabieses, yo tenía una idea tan diferente de usted; pero he visto su desempeño, su comportamiento y quiero decirle que si usted mañana se presenta de candidato a diputado por Puente Alto, cuente con nosotros. Aunque el partido diga otra cosa nosotros vamos a votar por usted, vamos a trabajar por usted». Naturalmente yo debo de haber agradecido tan sentidas y sinceras palabras; es que yo tampoco cachaba nada. Estábamos en octubre, rodeados de miles de presos, fusilados por todas lados, torturas al por mayor, ¡y nosotros hablando de la próxima elección parlamentaria! Siempre me acuerdo de eso y me da risa. No cachábamos la cuestión.

Son jodidas estas cosas del golpe, son como traumas colectivos que desorientan. Ahí llegó gente torturada; a mí no me torturaron; me interrogaron un par de veces; me llevaron a los altos del estadio, donde estaban unos oficiales de carabineros —seguíamos viviendo en el camarín pero nos sacaban a las tribunas. Era en el casino. Los interrogatorios no iban muy a fondo, no tenían muy estructurados sus servicios de seguridad. Sabían en el caso mío que era fulano de tal, periodista que trabajaba en la *Ultima Hora*, en *Punto Final*, en el mejor de los casos que era militante del MIR, para ellos éramos todos comunistas. Tras unos cuantos golpes de puño un oficial me cortó el pelo a tijeretazos, me sacó mechones de pelo, pero nada más que eso en materia de violencia. La segunda vez me sacaron a un interrogatorio con un oficial de la Armada: de nuevo los mismos pasillos y ahí por primera vez escuché, o él me habló sobre el famoso Plan Z. Habían descubierto un supuesto Plan Z que pretendía asesinar a montones de militares y me preguntaba qué sabía yo. También me preguntaba mucho del paradero de Carlos

Altamirano,[9] pero nunca me preguntó por Miguel Enríquez.[10] El oficial de la Armada me interrogó sin violencia y luego me enteré del cahuín ese del Plan Z, así que regresé al camarín cargado de noticias.

En otra oportunidad nos sacan del camarín y nos hacen alinearnos en el pasillo y de repente vemos que del fondo del pasillo viene un tipo encapuchado, acompañado de militares y civiles. Era el famoso encapuchado del Estadio Nacional. Dicen que hubo más de uno, probablemente los encapuchaban para que uno no los reconociera. Ese tipo iba señalando gente, a las cuales sacaban de la fila y los ponían a un lado. Yo imaginé que me iba a señalar a mí y efectivamente me apuntó el *weón*. Y me sacaron, entonces nos pusieron en una fila larga, de rodillas y manos en la nuca, y nos llevaron así, caminando de rodillas por el pasillo del estadio a otra sección más allá. Nos hicimos mierda las rodillas y llegamos a otro lugar donde nos dejaron. Pasaron cerca de tres horas y no pasó nada. Al final nos devolvieron a los camarines respectivos.

Estuve en el Estadio Nacional hasta que lo cerraron en diciembre para un partido de fútbol de la Selección con no sé quién. Mi familia, a todo esto, a través de un amigo que era *pololo* de una amiga de alguien, supo de mí. Para ellos yo estuve desaparecido durante un tiempo, pues circulaban rumores de que me habían fusilado, incluso en un diario en Caracas publicaron que me habían sacado los ojos, que había tenido una tortura horrible. Cuando leí el artículo, después, pucha que la sufrí. [*Ríe*]. Cuando nos iban a trasladar por el

---

9   Carlos Altamirano Orrego (1922), abogado, secretario general del Partido Socialista de Chile (1971-1979), diputado (1961-1965) y senador (1965-1973). La derecha le imputaba la infiltración de la Armada.

10   Miguel Humberto Enríquez Espinosa (27 de marzo de 1944–5 de octubre de 1974), médico, secretario general del Movimiento de Izquierda Revolucionaria (MIR) desde 1967 hasta su muerte en combate en un barrio de Santiago.

partido de fútbol permitieron que las mujeres fueran a llevarnos ropa y cosas, pero tampoco dijeron para donde nos llevarían, pero les dijeron que nos trajeran cosas. Se había instalado la Oficina Nacional del Detenido y ahí los familiares iban a buscar noticias. Los convocaron además porque las familias pasaban el día frente al Estadio buscando noticias y como soltaban a alguna gente entonces les preguntaban por quiénes estaban adentro. Bueno, entonces un día nos llevaron los familiares ropa y cosas. La visita fue a través de las rejas. Y luego, una madrugada, nos subieron a unos buses y nos llevaron a Valparaíso. Nos metieron en un barco salitrero, *El Andalién,* en las bodegas, y emprendimos viaje sin saber para dónde. Los más pesimistas pensaban que nos iban a tirar al mar. Ese viaje duro dos o tres días hasta que llegamos a Antofagasta. Ahí nos desembarcaron y nos metieron en un tren. En ese tren llegamos a la estación Baquedano, que era lo más cercana al campo de prisioneros de Chacabuco. En camiones nos llevaron a Chacabuco.

Chacabuco era una ex oficina salitrera que habían acondicionado para meter presos. A las antiguas casas de los trabajadores les habían puesto camarotes de madera y sacos de café brasileño en lugar de puertas. Eran casas abandonadas, semiderruidas, pero todavía se conservaba algo. Ahora es un desastre. Llegamos y nos llevaron a un descampado, a una cancha de futbol y nos hicieron desnudar para revisar las ropas. El oficial a cargo nos hizo un discurso sobre las condiciones ahí y entre otras cosas nos declaró que éramos «prisioneros de guerra» y se refirió a un manual o algo así del Ejército, del año de la cocoa, pero vigente aún según él, que entre otras cosas disponía que si uno intentaba huir lo fusilaban y que si uno intentaba suicidarse y no lo conseguía habría sanciones.

Luego nos fuimos por grupos a las casas donde cabíamos unos seis por cada habitación pues los camarotes eran de tres pisos. Y ahí comenzó un nuevo proceso de organización y creamos los «consejos de ancianos» que era un grupo de compañeros —elegidos por los demás presos— que se constituían en la dirección del campamento. Eran elegidos democráticamente desde la base. Los miembros de una casa elegían un jefe de casa, equivalente al jefe de camarín en el Estadio. Los jefes de casas—por agrupaciones de casas— elegían un jefe de pabellón que pasaba a ser miembro del consejo de ancianos. Dentro del consejo se elegía el presidente, el secretario general y otros cargos que se inventaban para estar ocupados. A mí también me tocó ser presidente del consejo de ancianos, cargo que era rotatorio. El primero fue Mariano Requena, un médico comunista que había sido un alto funcionario del Servicio Nacional de Salud, está vivo, era una gran persona. El fue nuestro primer presidente. Se duraba un tiempo en el cargo. Nunca he trabajado tanto en mi vida como en ese cargo, porque organizamos una universidad popular ya que había profesionales y especialistas en todo. Había unos veinte médicos de distintas especialidades incluyendo ginecólogos; había astrónomos, artistas, periodistas desde luego—que hicieron un diario mural—, éramos como catorce periodistas, había poetas, campesinos, obreros, profesores. Se organizaron cursos, gente que sabía idiomas enseñaba francés, inglés, portugués. Había clases y conferencias de todo tipo. Los milicos en ese sentido nos dieron chipe libre porque les ahorrábamos trabajo. Eran muy flojos, y toda la organización corría por cuenta nuestra. La administración del campo entregaba los alimentos a la cocina, pero los cocineros eran presos.

Instalamos una pulpería, un correo y así se nos fue normalizando la vida. También, una posta de auxilios médicos, un club de futbol. Había un famoso cirujano especialista en manos que lo llevaron a Antofagasta a operar milicos. Organizamos un show dominical con artistas muy buenos. Se creó el conjunto musical Chacabuco donde estaba Ángel Parra y otra gente de mucha calidad. En fin, una diversidad de actividades. Había mucho desecho, alambre, lata, vidrios, libros de la oficina con los salarios de los trabajadores de la salitrera, materia usable que sirvió para una amplia gama de artesanía de todo tipo. El astrónomo encontró un vidrio e inventó un telescopio; se consiguió un mapa astral y en la noche, antes de recogernos daba clases de Astronomía incluido el catalejo para ver las estrellas. Organizamos concursos de poesía y de cuentos. Una multiplicidad de actividades.

Después nos permitieron tener radio y escuchábamos Radio Moscú, Radio Habana. De ahí tomábamos mucha información que los periodistas colocaban en el diario mural. Los militantes, cuando nos permitieron visita de familiares, establecimos contacto con nuestras respectivas organizaciones y me empezaron a llegar cartas con comunicados de la dirección del MIR, con mi promoción al Comité Central, y todo esto camuflado en mil cosas; en pasta de dientes, en jabones, alimentos. Había una vida clandestina muy intensa aprovechando que teníamos cierta libertad. Aunque había todo lo típico de un campo de concentración, dentro del campo éramos amos y señores. De vez en cuando hacían allanamientos, especialmente en las noches. Todas las mañanas nos obligaban a formar filas y contarnos para que no se escapara nadie. Después se iba el oficial y su acompañante y quedábamos nosotros. Funcionaban los partidos en clandestinidad, el Partido Comunista, el Partido Socialista, inclusive con ciertos rituales. Por ejemplo, cuando matan a Miguel, como yo aparecía como *el* mirista —la mayoría de los otros miristas que había pasaban desapercibidos, colados—, entonces la dirección del PC, los socialistas y otros van a darme sus condolencias. Efectivamente, la muerte de Miguel fue un impacto muy fuerte en nosotros y en la izquierda en general. Porque era una esperanza imaginar que por ahí estaba Miguel Enríquez, resistiendo, combatiendo en la clandestinidad. La leyenda se iba formando. El hecho que lo encontraran y mataran fue otra derrota más.

Desde Chacabuco, meses después, a mí y a otros compañeros nos trasladaron a otro campo de prisioneros, en Puchuncaví, cerca de Valparaíso, en lo que había sido un campo de veraneo para trabajadores con casas construidas por la Unidad Popular. Desde Puchuncavíme trasladaron a Cuatro Álamos, un campo de prisioneros de Santiago, y de ahí un día me pusieron en un avión donde me encontré con mi familia, mi mujer y mis tres hijos, y me expulsaron del país. Llegamos al Perú y de ahí seguimos a Cuba donde estuve hasta el año 1979 en que, junto con mi mujer, regresamos a clandestinamente a Chile hasta el fin de la dictadura.

Develando la trama conspirativa

JUAN JORGE FAUNDES: *Con todo lo que se sabe ahora: investigaciones del Comité Church del Senado USA (1975), los documentos desclasificados de la CIA, la doctrina del Shock de Naomi Klein, etc., etc., hay suficientes evidencias como para construir ese proceso conspirativo que partió desde la oficina misma de Nixon en la Casa Blanca, e involucró a empresas multinacionales, empresas nacionales, prensa, partidos políticos, organizaciones gremiales patronales, militares, entre otras. Sin embargo,* **Punto Final** *pudo denunciar aquella conspiración golpista desde el inicio del gobierno de Allende, con nombres y datos que después la historia ha mostrado como exactos: ¿cómo lo hicieron? ¿Cómo fue el modo de trabajo periodístico que pudo llegar a tal grado de certeza en el diagnóstico de lo que estaba ocurriendo y de lo que iba a ocurrir? ¿Cuál es la lección para los periodistas y medios de progresistas, de izquierda o revolucionarios de hoy en lo que respecta al trabajo periodístico? Da la impresión, al leer los artículos de* **Punto Final** *del año 1973 que hubo un trabajo periodístico de investigación que permitió ir «pre-viendo», construyendo discursivamente, casi premonitoriamente, lo que iba a pasar. ¿Era resultado lógico de un análisis o había información dura o ambas cosas? Hoy sabemos que todo estaba programado y financiado, pero eso no se conocía en ese momento, sino que se iba observando los hechos a medida que ocurrían.*

MANUEL CABIESES: Buena pregunta porque no sé cómo contestarte; no quiero mentir, no quiero presumir, yo también me he sorprendido al ir revisando los artículos de la colección de *Punto Final* porque le estábamos dando en el clavo a una pila de cosas y hay un montón de información, en lo que apoyábamos esos análisis. Es muy bueno. Me carga auto-aplaudirme, pero, bueno, es un mérito compartido con otros compañeros, estoy impresionado. Estábamos claros en la *weá*, disculpa la expresión, pero no teníamos ninguna capacidad de proceder de acuerdo a eso. Nosotros teníamos la revista, teníamos una cierta relación con Allende vía «El Perro» Olivares. La relación de Augusto con Allende era muy estrecha, pero siguió trabajando en la revista hasta el final como miembro del consejo de redacción, a pesar de todos sus quehaceres en Televisión Nacional y como asesor de Allende, él siguió preocupado de la revista. Teníamos acceso te quiero decir —también a través de Jaime Barrios que estaba en la gerencia del Banco Central y era del equipo de la revista— teníamos acceso a fuentes de información y también podíamos hacer llegar mensajes a Allende, y de alguna manera lo hicimos. Pero, no solo éramos nosotros, hubo organizaciones diversas, políticas, montones de gente que teníamos claro lo que iba ocurrir; pero a la vez estábamos como incapacitados de hacer nada concreto, de corregir, para evitar lo que se veía venir como inevitable.

Mira, yo creo que fue una mezcla de los elementos que describes. La base de nuestra posición estaba dada por una formación ideológico-política determinada que te permitía visualizar las posibles vías de desarrollo de un proceso como el que tenía lugar en Chile. En ese sentido fue una formación que era común en el conjunto de la izquierda, pero particularmente de los que militábamos en el MIR. Que, lamentablemente, éramos más bien —y solo— un *proyecto* revolucionario; pero no teníamos la dimensión de un *partido* revolucionario, un partido de vanguardia que fuera conduciendo la revolución. Éramos un proyecto que marchaba hacia eso.

De todos modos, los instrumentos ideológicos y políticos existían y permitían visualizar alguna de las cosas que pasaban ignoradas al común de los observadores. Creo que eso estaba en la base.

Luego estaba la condición de periodistas del grupo de *Punto Final*, digo predominantemente periodistas, porque también había quienes no lo eran de profesión como el caso de Jaime Faivovich y Alejandro Pérez que eran abogados, o de Jaime Barrios, que era economista. Pero que redondeaban y completaban el cuadro del resto que éramos periodistas de oficio, periodistas políticos y politizados a la vez —no todos miristas—, con conocimientos de sectores representativos de la sociedad chilena, de distintos sectores: culturales, militares. Por ejemplo, «El Perro» Olivares era hijo de militar. Estaba el hecho de conocer de cerca el trasfondo de la política chilena, de la derecha chilena, de distinguir sectores dentro de esa derecha. Estaba esa habilidad que tiene el periodista en general —y sobre todo el politizado— de captar el ambiente que se está viviendo mediante conversaciones, mediante lo que se lee, mediante lo que se escucha, mediante la cercanía con otros. En ese tiempo había mucha mayor cercanía, más interrelación en la sociedad chilena, hoy día vivimos aislados. Entre el automóvil, la computadora y la televisión, qué sé yo, nos han reducido al aislamiento. Y eso estimulado por el individualismo que inyecta el modelo, peor todavía. Entonces, somos islotes. Pero en esa época había una interrelación mayor entre los protagonistas de esta historia. Y ese es otro factor; que tiene que ver con la línea editorial informativa de la revista. Eso, como pilares básicos, pero no hubo, aunque me hubiera gustado que así fuese, un trabajo de investigación como hoy día lo entendemos, de llegar a determinar esto es así, o va a pasar tal cosa, sino que nosotros vivíamos la vorágine que vivía la sociedad chilena. Una vorágine en la que se embarca la sociedad y que se va acentuando. Era una vorágine de acontecimientos, de cada día, de cada hora, de los rumores que van y vienen, de los problemas que van ocurriendo, entonces no teníamos ni el tiempo ni los recursos para, digámoslo así, sesudas investigaciones periodísticas.

JJF: *Me da la impresión que ello evidencia el valor de un instrumento de análisis ideológico-político adecuado, que permite llegar a estos diagnósticos con la información que se va recogiendo del ambiente, del contexto, de unas fuentes más informadas, de otras menos informadas, de los rumores, etc., a este conjunto de datos se le aplica la matriz de esta herramienta de análisis ideológica-política que se manejaba y se puede llegar a una conclusión acertad. Y me parece que esta herramienta consistía en aplicar el materialismo dialéctico, el materialismo histórico…*

MC: Lo has descrito magistralmente. Lo suscribo. Para qué lo voy a repetir… [*Risas*].

JJF: *…en identificar las contradicciones principales, las secundarias, como se relacionan, o sea, Mao Tse Tung…*

MC: … claro, claro. [*Risas*]. Y eso es lo que resalta el valor de un instrumento como fue esta publicación —pudo ser otra cosa— que en momentos determinados juega sin quererlo —porque no es que lo hubiéramos pretendido— las veces de un partido. Suena como petulante pero es algo así… es como una simbiosis…

JJF: *…un partido que entrega orientaciones pero que carece del aparato. Da las orientaciones, pero carece de la estructura que permite hacerlas operativas, ir alcanzando los objetivos.*

MC: Exacto, me sumo una vez más a lo que acabas de decir. Y el otro punto en contra es que, a diferencia del partido, una publicación está obligada a pronunciarse. A definirse; cada día si es un diario, cada semana si es un semanario, cada quincena si es un quincenario. Estás obligado a pronunciarte, a definirte. Yo creo que un partido puede eludir un pronunciamiento, irse por las ramas, ganar tiempo. Mientras que en esta cuestión hay que jugarse el todo por el todo, cada quince días. No desearía ahondar en esto porque me suena como autoelogio.

JJF: *No hay autoelogio, Manuel. Lo que haces es, por un lado, valorar el instrumento teórico, metodológico, analítico y, por otro, lo que acabas de decir: esa obligación, esa responsabilidad de pensar, de reflexionar sobre lo que está ocurriendo; ese desafío de ir pensando al instante y haciendo un diagnostico permanente, en cada período de aparición, sin el riesgo de esclerotización ideológica que suelen sufrir los partidos al ir dejando la reflexión sobre la práctica cotidiana y posponiendo los análisis para más adelante. Creo que asociar una revista, una publicación a un partido es esclerotizarla.*

MC: En eso nosotros también tuvimos y hemos tenido la ventaja de que nunca fuimos ni somos el órgano oficial de un partido. Por supuesto, siempre nos han tildado de la revista mirista; cuando nos sacaba la cresta la derecha, éramos una revista «castro-comunista». Pero nunca fuimos órgano de un partido. Es cierto, no vamos a negar lo evidente, la línea de *Punto Final*, sobre todo en los últimos tiempos antes del golpe, era marcadamente coincidente con la del MIR. Eso es real, pero nunca tuvimos —aunque yo era militante del MIR desde 1969—, nunca la hubo, dependencia de ninguna naturaleza, no hubo aporte económico, influencia para línea la editorial, eso jamás. Jamás alguien, ni Miguel Enríquez, hizo amago de decirme nada; salvo pedirme a veces un favor, oye, puedes publicar esta entrevista, y eso lo hace todo el mundo. No hubo ningún tipo de imposición, eso te quiero decir. La línea se elaboraba en el consejo de redacción en el que había de todo: Alejandro Pérez venía de años y años de militancia comunista; Jaime Barrios, también, sobre todo de formación con el Che en Cuba, durante años trabajó ahí.

Más adelante podemos detenernos un poco más en él porque es un personaje fundamental en la creación de esta revista. Jaime Faivovich, socialista, desde siempre y hasta su muerte. El chico Díaz no era militante de nada, se hizo militante del MIR en el exilio, fue teniendo afinidad con el MIR, pero llegó a la militancia en el exterior. Pero, en verdad no era militante, es que era un tipo muy divertido, en el sentido de reírse un poco de todo, de poner en cuestión todo, era un descreído de las creencias. Hernán Lavín era un cristiano, y un poeta. Es decir, en ese consejo había mucha variedad. Había gente del MAPU.[11] El hecho es que había un grupo heterogéneo en cuanto a militancias. Lo que nos unía era una gran amistad personal y, en lo político-ideológico, la Revolución Cubana, no me cabe duda. Eso fue la amalgama, y no solo en Chile, que gente tan heterogénea se juntara para empresas comunes. Desde fundar un partido, instalar una guerrilla o hacer una revista. Eso fue lo que compactó a estos grupos. Y fue la influencia ideológico-política determinante en nosotros. Esa actitud nuestra en la revista de polemizar, contradecir a lo que hemos llamado la izquierda tradicional viene de eso, de esa impronta.

Jaime Barrios o el impulso del Che

JJF: *¿Porque se llamo* Punto Final, *cuándo la bautizaron, cómo, dónde?*

MC: Mira, es una cuestión que no la he podido dilucidar, no sé bien si se le ocurrió al chico Díaz o a mí. Los dos fundamos la revista. Lo que sí sé es dónde ocurrió. Ocurrió en la calle Ahumada, frente a Falabella, frente al Banco de Chile. Tengo vivo la cuestión cuando

---

11   Movimiento de Acción Popular Unitaria (MAPU), partido formado por sectores izquierdistas de la Juventud de la Democracia Cristiana, al igual que la Izquierda Cristiana (IC), y que pasan a formar parte de la Unidad Popular (UP) en 1970 para apoyar la campaña de Salvador Allende.

íbamos pasando frente a esos lugares, repasando nombres: que *Alborada, La Voz, La Calle*, no sé qué, y de repente uno de nosotros dice *Punto Final*, y a los dos se nos prendió la lámpara porque en ese nombre estaba lo que queríamos hacer. ¿Qué queríamos hacer? Era una publicación. Primero, que no censurara a los periodistas —era pensando en periodistas—, que no censurara, que los dejara decir lo que ellos querían, que no censurara en lo posible por tema de espacio, había claro una limitante lógica que es el número de páginas de las publicaciones, pero queríamos que no estuviera restringida por el espacio. Era nuestra propia experiencia como periodistas. En este caso los dos trabajábamos en *Última Hora*. El Chico había trabajado en *Ercilla* y habíamos experimentado ese tipo de censura. Otros periodistas amigos nuestros, nos transmitían sus experiencias, que eran como sigue ocurriendo hoy, censura por los avisadores, por la línea editorial del dueño y además por la censura del espacio. Que te obligaba, cuando habías trabajado un tema, y tenías un montón de antecedentes, a reducirte a la octogésima parte.

Esas eran las cosas que nos llevaron a querer una publicación como esta y *Punto Final* representaba algo que le pusiera punto final a un tema… La revista nace como un folleto.

[*Busca en el cajón de su escritorio*]

Aquí está:

[*Muestra un ejemplar del primer número de la revista*][12]

La tragedia del Janequeo [*lee*]. Como tú vez, es un folleto. El primer tema fue ese, escrito por un periodista, Miguel Torres, que

---

[12]   Los lectores lo pueden ver y leer en el Archivo Histórico de *Punto Final* (www.pf-memoriahistorica.org/) y en (http://es.scribd.com/doc/55181554/Punto-Final-1-La-tragedia-del-Janequeo-1965).

ya murió. Periodista de temas policiales que escribía muy bien, un estilo como el de Nicomedes Guzmán. El Janequeo era un barco de la armada que se hundió. Era un folleto quincenal [*lee…*] sobre los grandes tema de nuestro tiempo. *Punto Final* es un folleto que aparecerá dos veces al mes y divulgará reportajes sobre asuntos que inquieten a la opinión pública. [*Ahora lee la contratapa:*] *Punto Final* le seguirá informando cada quince días de sucesos, política nacional e internacional, economía, deportes, ciencias, arte. *Ediciones Punto Final*. Dirección: Huérfanos 1011 Oficina 321. Impresores: Sociedad Impresora Horizonte Ltda. Lira 363, la imprenta del PC [*termina de leer y deja el folleto sobre la mesa*]. En Huérfanos 1011 creo que estaba la oficina de Alejandro Pérez. Después nos trasladamos a la calle Unión Central. De estos folletos se publicaron hasta nueve números. Después aumentó un poco de tamaño pero nunca llegamos al tabloide que es ahora.

Este fue el tamaño inicial. Hasta el número nueve era un solo tema. Hasta dónde llegaría nuestra amplitud política [*ríe*] que en ese momento hasta Rafael Otero, súper reaccionario, escribió sobre el caso Laguna del Desierto, donde mataron a un oficial de carabineros, al teniente Merino, en un problema fronterizo con Argentina.

JJF: *Durante la Unidad Popular Rafael Otero tuvo la revista SEPA, un órgano de propaganda golpista.*

MC: En ese tiempo todavía no mostraba las garras… En el número diez dimos el salto a transformarnos en revista con distintas secciones: política, economía, cultura, etc.[13] Y ese salto fue bajo los impulsos de Jaime Barrios, como te decía, economista y militante

---

[13]   Este primer número de *Punto Final* como revista política está en (http://
      es.scribd.com/doc/73671921/Punto-Final-n%C2%BA-010-1966-Carta-de-
      los-escritores-de-Cuba-a-Neruda).

comunista al que su partido había mandado a Cuba, junto con un grupo de otros militantes, para ayudar a la Revolución Cubana naciente. Jaime trabajó con el Che en el Banco Nacional y en el Ministerio de Industrias. Jaime Barrios va a venir posteriormente a Chile a sondear a algunos partidos de izquierda y ver si se embarcaban en la guerrilla del Che. Aunque él no dijo a nadie, no sé si él lo sabía, que el Che estaba en Bolivia; aquí le fue pésimo, salvo con el Partido Socialista. Pero eso es otra historia.

El asunto es que Jaime viene a Chile y toma contacto con el Chico, Augusto Olivares, conmigo, y este hombre es el que nos mete en la cabeza la idea de por qué no hacer una revista propiamente tal. Ya que estábamos embarcados en este proyecto en que comenzaba a irnos mejor, no bien, pero sí mejor, ¿por qué no hacer el esfuerzo de pasar a ser una revista? Además nos inflamó del ardor revolucionario cubano. Imagínate, un hombre que está trabajando con el Che, venía con todas las pilas puestas. Fue el hombre que nos dio el impulso, que nos hizo pensar seriamente: ¿por qué no? Y partimos con todos los esfuerzos que implica una publicación nueva, compromisos de deudas, etc. Primero, nosotros salíamos a vender, cuando era folleto, con el chico Díaz, al café Haití. Pero cuando fue revista ya teníamos una estructura de distribución.

Jaime Barrios nos prometió colaboraciones de autores cubanos, salvadoreños, de Roque Dalton. Él era el vínculo nuestro con La Habana. Estamos hablando del año 1966 en que el ejemplo cubano, la Revolución, en que la rosca con los partidos comunistas tradicionales estaba en auge. En Chile mismo comenzaban a darse manifestaciones de esa influencia. Gente que empezaba a transmitir en la onda insurreccional, vía armada, ese era el clima que se vivía en la izquierda en esa época. De hecho, en el segundo número de la revista como tal, el número 11, publicamos un discurso de Fidel Castro donde hace una crítica feroz a Orlando Millas, el dirigente comunista chileno que a su vez había criticado a la OLAS.[14] Era la polémica entre la vía pacífica versus la vía armada. En ese escenario, surge *Punto Final*, y casado con esa posición, la que representaba la revolución cubana, sobre todo la posición del Che.

---

[14]   Organización Latinoamericana de Solidaridad (OLAS). Fue una organización creada en agosto de 1967 en Cuba, compuesta por diversos movimientos revolucionarios de América Latina que compartían las propuestas estratégicas de la Revolución Cubana. Véase a Emir Sader: «OLAS», *Latinoamérica: Enciclopedia Contemporánea de América Latina y el Caribe*, Madrid, AKAL Ediciones, 2009, pp. 909-910.

SEGUNDA PARTE

Antología de *Punto Final*, año 1973

Chile: el ardiente verano del 73

Este capítulo es un resumen realizado por la propia revista Punto Final
(PF) *de la separata de* Punto Final *N° 179 publicada el día martes 13 de
marzo de 1973, después de las elecciones realizadas el día 4 del mismo
mes, que renovaron la totalidad de la Cámara de Diputados y la mitad del
Senado. El Parlamento, que cesaba en sus funciones el 21 de mayo, al que*
PF *calificaba de «obstruccionista y espurio», había planteado once acusacio-*
nes constitucionales contra ministros del gobierno popular.

*Salvador Allende fue elegido el 4 de septiembre de 1970 con 36,2% de
los 2 954 799 votos (la abstención fue del 16,5%). Después de dos años y
meses de difícil gobierno, la Unidad Popular (UP) el 4 de marzo avanzó
al 43,39%. Esto le permitió elegir 63 diputados y 11 senadores. Aumentó
en 5 su número de diputados y en 2 sus senadores. El Partido Socialista
(18%) tenía 7 senadores y 28 diputados. El Partido Comunista (16%) quedó
con 9 senadores y 25 diputados. La Confederación Democrática (CODE),
reaccionaria, que pretendía lograr los dos tercios para destituir al presidente
Allende, alcanzó el 54,70%, bajando de 93 a 87 diputados, y de 32 a 30
senadores.*

*La abstención fue del 18,80%. En total votaron 3 661 898 ciudadanos y
ciudadanas. El Senado quedó integrado por 30 senadores de oposición y 20
de gobierno. La Cámara de Diputados por 87 de oposición y 63 de gobierno.
La DC era el principal partido opositor con 19 senadores y 50 diputados.*

*Vale la pena consignar que en las elecciones municipales del 4 de abril
de 1971, la Unidad Popular (UP) había alcanzado el 48,6% de los votos y
la oposición 48,2%.*

Es en este contexto que la revista Punto Final *publica la separata resumida a continuación:*

En *Punto Final (PF)* N° 178 —del 27 de febrero de 1973— advertíamos que la elección del 4 de marzo provocaría un reordenamiento de las fuerzas políticas. Ese proceso ya se inició. Dentro de la llamada Confederación Democrática (CODE) o sea la coalición reaccionaria, se mantiene la pugna principal entre los partidos Demócrata Cristiano y Nacional por imponer su hegemonía y conducción al movimiento opositor al gobierno. Ambos partidos no obtuvieron en la elección parlamentaria la fuerza suficiente para definir allí mismo esa cuestión. Otros sectores políticos de la CODE, tales como la Democracia Radical, Partido de Izquierda Radical (PIR) y Partido Democrático Nacional (PADENA), virtualmente pasaron a mejor vida y están hoy convertidos en simples apéndices de las fuerzas mayoritarias, PDC y PN.

Los jefes naturales de la CODE, Eduardo Frei (DC) y Sergio Onofre Jarpa (PN), han formulado planteamientos coincidentes en el sentido de mantener en funcionamiento esa coalición que se formó en vísperas de la elección de marzo. Frei y Jarpa ven en ese instrumento político el medio idóneo para escalar nuevos promontorios —electorales o de otra naturaleza— que permitan a la burguesía recuperar el control absoluto del poder.

En el campo de la Unidad Popular (UP), que obtuvo una excelente votación, también ha comenzado a operar el reordenamiento de fuerzas, impelido por el resultado electoral. Aunque en estricta verdad tal fenómeno venía gestándose desde antes, han sido las cifras del 4 de marzo las que han apresurado ese movimiento de reubicación y de definición política. Al interior de la UP, en efecto, se ha venido librando una lucha ideológica bastante fuerte entre dos sectores principales: reformistas y revolucionarios. Esto tuvo expresiones públicas anteriores al

4 de marzo, como el cruce de cartas entre los secretarios generales de los partidos Comunista y Socialista. Pero no solo se reflejó en documentos, sino también en hechos concretos. En el campo agrario e industrial, en el sector de la distribución y comercialización de alimentos y en otras esferas, la pugna entre reformistas y revolucionarios ha venido haciéndose sentir con diferentes grados de intensidad. Cada uno de estos sectores busca también imponer su línea al conjunto de las fuerzas populares. Sobrepasada la coyuntura electoral, esa lucha ideológica ha retornado con mayor fuerza al seno de los partidos.

El primer reventón se produjo en el Mapu (Movimiento de Acción Popular Unitaria), partido en el cual no habían quedado bien soldadas las trizaduras que se produjeron en el último congreso. El ala reformista —que fue derrotada en el congreso, donde se demostró que era minoritaria— procedió a anunciar la «expulsión» de dirigentes de la mayoría y a apoderarse a viva fuerza de algunos locales. En vísperas de la elección parlamentaria ya era de dominio semipúblico que el sector reformista abandonaría el Mapu por sus discrepancias con la dirección elegida en el último congreso de ese partido. El propio ministro de Hacienda, Fernando Flores, señaló públicamente antes de la elección su discrepancia con la comisión política de su partido.

En otras colectividades de la Unidad Popular es previsible un fenómeno parecido, como es el caso del Partido Radical (PR) cuyo eclipse acelerado era perceptible a simple vista. La elección del 4 de marzo solo vino a confirmar esa tendencia, que va empujando al PR fuera de la escena política. Es del caso esperar más novedades de bulto en este sentido, las cuales afectarán a otros partidos de izquierda donde está en pleno desarrollo la lucha ideológica.

Entretanto, al nivel alejado de los militantes y de las masas, donde se elabora lo que en Chile suele llamarse «alta política», están en plena ebullición las conversaciones, contactos, acuerdos y consensos que repercutirán enseguida en la vida partidaria y en el cuadro político general. En ese sofisticado ambiente se traman ingeniosas jugadas en el tablero del ajedrez político.

Sería un error pensar que este reordenamiento al interior de la izquierda se produce impulsado únicamente por una lucha ideológica que enfrenta a revolucionarios con reformistas. En la superestructura intervienen, adicionalmente, otros factores y elementos conflictivos, no exentos —muchos de ellos— de personalismos, antiguas rivalidades y fuertes ambiciones. Esto se ve, en cierto modo, alentado por la pervivencia en el seno de la izquierda de tendencias socialdemócratas que hacen de la vida en el seno de las instituciones del Estado burgués, entre ellas el parlamento, el eje de la acción política.

En la superestructura de la izquierda todavía tienen considerable peso aquellos sectores que, en la actual situación, solo avizoran rutas que se internan en las instituciones de la democracia burguesa. Desde el punto de vista de aquellos sectores, un acuerdo por lo menos implícito con partidos de la oposición, particularmente con la Democracia Cristiana, es necesario para seguir gobernando. Se busca lograr un entendimiento que permita despachar las leyes en el Congreso Nacional. Esto supone, desde luego, adecuar cada proyecto —y el esquema global de gobierno— a los intereses que representa en lo político la contraparte en el acuerdo parlamentario, robusteciendo de paso la institucionalidad burguesa. Pero además hay un requisito previo que cumplir en esa táctica: extirpar las llamadas tendencias «ultraizquierdistas» que dentro de algunos partidos se pronuncian por acentuar el proceso hacia el socialismo. En ese sentido, tal como lo señalábamos, la primera manifestación concreta de la ofensiva lanzada por el reformismo para despejar el camino del entendimiento con sectores de oposición, se produjo en el Mapu. Finalmente, la táctica conciliadora necesita transgredir el espíritu y la propia letra del Programa de la UP. A pretexto de impedir las «transgresiones de izquierda», el reformismo —desde junio del año pasado— viene cometiendo numerosas «transgresiones de derecha». La más importante ha sido la iniciativa conocida como «proyecto Millas» (por el ministro y dirigente comunista Orlando Millas, N. de *PF*), que plantea reducir el área de propiedad social y entregar a la burguesía numerosas ventajas destinadas a neutralizar la actividad opositora.

Las expulsiones de militantes, la remoción de dirigentes y la imposición de una política derrotista y conciliadora a los partidos de la UP que se han pronunciado por avanzar sin transacciones, no son fáciles de implementar. Pero todavía es más difícil imponerlas a nivel de las masas. En los Cordones Industriales, Comandos Comunales, Consejos Campesinos, etc., organismos donde va despuntando el poder popular, predominan las tendencias más avanzadas. Eso ha quedado otra vez demostrado en la elección del 4 de marzo. Las comunas obreras y campesinas, en efecto, dieron amplio respaldo a los candidatos que interpretaban esas posiciones dentro de la izquierda. La intervención de factores ajenos a los propios partidos puede surtir algunos efectos, tal como ocurrió en el Mapu donde la crisis fue planteada por el sector vinculado a la alta burocracia. Pero es casi imposible que esa manipulación pudiera alcanzar los mismos resultados a nivel de las masas. Esto lleva a pensar que la aplicación de una línea reformista integral supone necesariamente un cierto grado de represión (cualesquiera sea las formas que revista) contra obreros, campesinos y pobladores que insistan en no devolver ninguna empresa, en expropiar fundos entre 40 y 80 hectáreas básicas, en ocupar terrenos baldíos o en impulsar mayores facultades para las Juntas de Abastecimiento y Precios (JAP), en implantar la «canasta popular» y los Almacenes del

Pueblo, etc. Tal perspectiva hace virtualmente imposible para los estrategas del reformismo, salvo a costa de arrastrar al gobierno a un grado de debilidad y aislamiento extremo, llevar hasta las últimas consecuencias su proyecto de entendimiento con la Democracia Cristiana.

Por otra parte, bien mirado, el proyecto reformista de «depurar» los partidos de elementos de «ultraizquierda», o sea de revolucionarios, es incongruente con su pretendido objetivo de ganarse a sectores que hoy están en la oposición, como la Democracia Cristiana. La votación de Frei en Santiago, inferior a lo que la propia DC obtuvo en 1965 cuando sacó tres senadores, está demostrando que ese es un partido en declinación. El incremento de la votación de la izquierda comparada con la que obtuvo Allende en 1970, señala que ella proviene de sectores sociales que antes estuvieron influidos y manejados por el reformismo burgués. Han sido ganados para la causa del socialismo sin necesidad de los halagos y concesiones que, en cambio, se necesitan para llegar a acuerdos o consensos superestructurales. La directiva del PDC manejada por Frei, que seguramente ahora aspira a ser designado presidente del Senado, representa a la burguesía. En cambio, en la base obrera, pobladora o campesina de la DC, la izquierda puede conquistar vastos sectores si aplica con claridad y energía una política de clase, necesariamente antagónica con los agentes políticos de los empresarios que controlan y manejan a ese partido.

El esquema reformista carece de verdadero realismo político y tiende a cercenar las posibilidades que ofrece el proceso hacia el socialismo. Divide a los partidos de la propia izquierda, confunde y desalienta a las masas, fortalece las instituciones de la democracia burguesa dificultando la superación de la actual organización del Estado, y coloca al gobierno al borde del empleo de la represión para contener la lucha de masas.

Los positivos resultados para la izquierda de la elección del 4 de marzo, no deben ser desviados hacia los acuerdos en la superestructura parlamentaria. Debe tenerse claridad que en Chile está en pleno desarrollo una lucha de clases que, si bien asume formas relativamente pacíficas, contiene todos los ingredientes de una lucha a muerte. La burguesía tiene entre sus dedos distintas fórmulas para impedir que los trabajadores chilenos alcancen su objetivo histórico. El golpismo o la guerra civil son sin duda proyectos que la burguesía alienta y que no vacilará en aplicar en condiciones que juzgue convenientes para ella. Pero también figura entre sus métodos —y quizás es el más inteligente y sutil— crear el esquema en virtud del cual el gobierno de la Unidad Popular se caiga solo o termine su periodo sumido en el fracaso y el desprestigio. Hasta ahora este parece ser el método que apoya el imperialismo que, a su vez, avizora en esa fórmula la posibilidad de sacar provecho internacional al fracaso del gobierno de la UP como el presunto fracaso de una experiencia socialista.

El avanzar sin transar, como plantean algunas fuerzas políticas, implica impedir que el reformismo moje la pólvora del respaldo popular que mostró la elección del 4 de marzo. Esto hace necesario, a su vez, reagrupar firme y ordenadamente a los revolucionarios, resistiendo el embate reformista y cerrando el paso a las conciliaciones de quienes no ven sino en el parlamento y otras instituciones del Estado burgués la posibilidad de llevar a cabo las profundas transformaciones prometidas en el Programa de la UP.

Respecto a las fuerzas armadas —el factor político que no suele mencionarse en el análisis de las perspectivas—, también se necesita clarificar el carácter de su participación en el gobierno. Si es para apoyar el esquema de poder concebido por el reformismo y para actuar como factor regulador de la lucha de clases, es evidente que también entrarán en pugna con los intereses de la clase trabajadora. En cambio, si los soldados se convencen que su rol es apoyar una modificación profunda de la sociedad chilena, que alcance a todos los sectores del país, incluyendo a los propios institutos armados, es seguro que el avance del pueblo se verá considerablemente facilitado e imperará en el país una situación de paz y seguridad interna, producto de la firme dirección que la clase trabajadora sabe imponer a un proceso revolucionario.

Cuando un pueblo como el nuestro ha decidido avanzar hacia el socialismo —tal como lo volvió a ratificar la elección del 4 de marzo— no hay nada ni nadie que pueda cerrarle el paso en forma definitiva.

Dos plenos y un golpe en marcha*

Manuel Cabieses Donoso

Según Orlando Sáenz, presidente de la Sociedad de Fomento Fabril (Sofofa), en la cual reconocen «su trinchera de lucha contra el marxismo» más de 4 500 industriales, en Chile «se está viviendo el hondo proceso político, económico y social propia del montaje de un Estado totalitario marxista llegado al poder electoralmente y que no cuenta con fuerzas militares regulares dispuestas a someter violentamente al país».[1] Esta es la opinión de un caracterizado dirigente de la burguesía.

Un epígono político de ella, Eduardo Frei, que en mayo posiblemente se convierta en presidente del Senado, tiene por supuesto idéntica apreciación. En declaraciones al *Corriere della Sera* de Milán, Frei señala: «Estamos en el camino al totalitarismo de tipo marxista», y rechaza cualquier tipo de colaboración democratacristiana con el gobierno del presidente Allende.[2] Las manifestaciones de hostilidad de la burguesía contra el gobierno de la Unidad Popular han recrudecido después de las elecciones del 4 de marzo. El imperialismo norteamericano, por su parte, ha cerrado las últimas llaves que regulaban las jabonosas relaciones financieras con Chile.

El 43,7% que la clase trabajadora entregó a la UP el 4 de marzo, pareció ser la gota que colmó el vaso de la burguesía y del

---

* En *Punto Final* Nº 181 del 10 de abril de 1973.
1 Discurso de Orlando Sáenz, *El Mercurio*, 29 de marzo, 1973.
2 *El Mercurio*, 31 de marzo, 1973.

imperialismo. El alto porcentaje alcanzado por la UP en los sectores obrero y campesino y el elocuente rumbo político que llevan los jóvenes mayores de 18 años, que esta vez se incorporaron a las elecciones, dejaron en claro que la izquierda tiene reservas todavía muy grandes, particularmente en la clase trabajadora. El 43,7% de la UP, sin duda, es un porcentaje «crecedor» en la medida que una política revolucionaria logre arrancar de las garras ideológicas de la burguesía a otros sectores de explotados que todavía son engañados.

La Sofofa alienta el golpe

Esta perspectiva es la que hace exclamar al jefe de la Sofofa que se asiste a «la agonía de la democracia chilena» y a sostener «afirmo que hemos dejado de vivir una democracia real». El delirante lenguaje de Sáenz no tiene nada de casual. Los intereses que él representa no suelen dejarse arrastrar por las pasiones. La determinación calculada y fría es más bien el distintivo del pensamiento de la burguesía. Hay que prestarle atención, pues, cuando reprocha «a los sectores políticos su grave responsabilidad al ilusionar a todo un pueblo con la protección de un régimen democrático que hace muchos meses desfallece en sus brazos», o cuando plantea «una acción urgente y vital, arrancada de las entrañas mismas de nuestro pueblo» que pueda «centrar nuevamente nuestro sistema de vida y preservar los valores que nos han definido como nación», Sáenz anuncia que «las circunstancias nacionales tornan inminente una definición que fije el rumbo de nuestro futuro destino. En pocos meses más Chile se habrá sumido en la dictadura marxista o habrá emergido a la luz plena de la libertad».

La «inminente definición», que se concretará «en pocos meses más», tiene en labios del presidente de la Sofofa un inequívoco tono golpista. Si se tiene en cuenta que a ese dirigente de la burguesía se le reputaba «moderado» y en la línea de guante de seda del freísmo, y si se considera su «coincidencia» con las declaraciones de Frei al periódico italiano, puede concluirse que la burguesía prepara las condiciones para una maniobra definitiva —quizás de tipo golpista— contra el gobierno de la UP.

Desde luego Sáenz rememora el paro de octubre y anuncia que «los gremios tendrán una labor fundamental» en la «acción urgente y vital» que plantea la Sofofa, agregando, cual general que arenga a sus tropas, «espero que estén a la altura de las duras circunstancias que enfrentarán sin duda en el futuro».

El imperialismo, a su vez, ha descartado toda esperanza de obtener de Chile el pago de indemnización por las minas de cobre nacionalizadas. El llamado «bloqueo invisible» que ha venido aplicando, será un juego de niños comparado con las maniobras que lanzará contra nuestro país. Esta situación, como es lógico, llevará al imperialismo a concertarse nuevamente con la burguesía en un esfuerzo a fondo para derrocar al gobierno de la UP. Una sola corporación, la ITT, como se ha demostrado en el Senado norteamericano, estuvo dispuesta a gastar un millón de dólares para impedir que Allende llegara a la Presidencia de la República. Por el mismo precio, o poco más, el gobierno de Washington puede provocar un golpe de Estado en un país como Chile.

Respuesta de la izquierda

Está claro, nos parece, que la burguesía (y eventualmente el imperialismo) piensan que debe provocarse en pocos meses más una «definición». ¿Cuál es la táctica de la izquierda para enfrentar esa amenaza? Según el senador Luis Corvalán, secretario general del Partido Comunista, sobre la base de «sostener a todo trance el gobierno contra cualquier tentativa de echarlo abajo» y de «extender y profundizar el proceso revolucionario», se debe «asegurar lo que hemos llamado más de alguna vez el desarrollo normal de los acontecimientos, con vista a generar en las elecciones presidenciales de 1976 un nuevo gobierno popular y revolucionario que continúe la obra que le ha correspondido iniciar al que ha encabezado el compañero Salvador Allende».[3]

Rompiendo una norma, ha sido el PC el primer partido en plantear el problema de la siguiente elección presidencial, cuando el actual gobierno aún no llega a la mitad de su periodo. El discurso del senador Corvalán apareció en *El Siglo* el mismo día que *El Mercurio* publicaba el de Orlando Sáenz ante la junta general de socios de la Sofofa. Proviniendo el primero del secretario general de uno de los partidos más importantes de la clase obrera, y el otro del dirigente de una de las organizaciones más representativas de la burguesía, resulta ilustrativo comparar cómo aprecian ambos la situación.

Sáenz piensa que «el único real programa de gobierno que existe, es la conquista del poder total» y en esto ve una firme y cohesionada determinación del marxismo. Corvalán, en cambio, aprecia «dos o más líneas (en el gobierno y en la UP) respecto a las normas de encarar cuestiones vitales referentes, por ejemplo, a la conformación de las diversas áreas de propiedad o al problema de la distribución».

Mientras Sáenz opina que el marxismo se plantea «controlar la economía del sector privado», el senador Corvalán señala que el fortalecimiento del sector estatal «no supone la desaparición del sector privado, sino que, al contrario, su mantención en una dependencia armónica y no contradictoria con el área social». (En esos mismos días el gobierno activó la tramitación en el Congreso del llamado «proyecto Millas» que ha sido rechazado por la clase obrera entendiendo que significa la devolución de industrias requisadas y la disminución del área social de la economía).

---

[3]   Informe de Luis Corvalán al pleno del Comité Central del PC, *El Siglo*, 29 de marzo, 1973.

La esfinge armada

Quizás en el único aspecto en que pueden apreciarse coincidencias entre el senador Corvalán y el jefe de la Sofofa, es en la calibración que hacen de las fuerzas armadas, elemento clave ya sea para provocar una «inminente definición» o para «asegurar el desarrollo normal de los acontecimientos» hasta 1976. Para Sáenz «las FF.AA. desfilan ante la conciencia de todos los chilenos, pese a lo ocurrido durante su participación gubernativa, con un nuevo galardón prendido a sus inmaculados pendones. Se llevan dos cosas importantes: la gratitud de Chile y el conocimiento de porqué y por quiénes el país vive su hora más sombría». Para el senador Corvalán: «los institutos militares y los hombres de sus filas que actuaron durante varios meses en el gabinete ministerial, supieron cumplir una vez más con su deber y, por ello, se han hecho acreedores al reconocimiento y la gratitud del pueblo».

Aunque no suele admitirse en el sofisticado lenguaje político chileno, para una u otra estrategia —ya sea para la burguesía o para la clase trabajadora—, el papel de las fuerzas armadas resulta fundamental. Sin embargo, hasta ahora, los militares parecen estar jugando básicamente su propio juego, salvo en algunos detalles que suelen dar a uno u otro rival la sensación de haber ganado puntos en la lucha por atraer a las fuerzas armadas a su campo. El «partido militar», como suele llamársele en otros países, donde la concurrencia de las fuerzas armadas al campo político es frecuente, ha venido tomando un rol de creciente participación en la escena nacional. Este aspecto es tan importante que ha llevado a *PF* a intentar, a partir de este número, un serio análisis del carácter y contenido de la influencia de las fuerzas armadas y de su participación —relativamente más decisiva al parecer que la de la clase obrera—, en los sectores claves de la conducción económica y política.

¿Ha cambiado el poder?

Para Lenin —en abril de 1917— «el paso del poder del Estado de manos de una a manos de otra clase es el primer rasgo, el principal, el fundamental de la revolución, tanto en el significado rigurosamente científico, como en el político-práctico de este concepto». En este sentido, no es inoficioso escudriñar hasta qué punto el poder ha cambiado de manos de una a otra clase, en el proceso chileno.

El propio senador Corvalán señala en su informe que «en la mayoría de las empresas del área social o mixta no se ve un cambio real en las relaciones de producción, a pesar de que este es, después de todo, el asunto principal». Si bien el senador Corvalán propuso una serie de medidas para elevar la participación obrera en las industrias del área social y mixta, lo cierto es que un proceso destinado a cambiar las relaciones de producción —que haga posible lo que Lenin precisaba: «que los obreros entren en todas las instituciones estatales, que controlen todo el aparato del Estado»[4] —tiene precarias posibilidades si, a la vez, se plantea reducir el área social de la economía y devolver empresas, desalentando a la clase obrera como lo hace el llamado «proyecto Millas», cuya reactivación en el parlamento, solicitada por el gobierno, ha provocado elogiosos comentarios del presidente democratacristiano de la Cámara de Diputados.

Más aún: la primera declaración oficial del nuevo ministro del Interior, Gerardo Espinoza, socialista, ha sido para amenazar con la drástica aplicación de leyes represivas a quienes impulsen o realicen «tomas» de fábricas, locales o calles. Sin dejar de reconocer que a veces las «tomas» son impulsadas por elementos enemigos del gobierno, la declaración del ministro Espinoza desafortunadamente las pone en el mismo pie que las «tomas justas», cuya existencia el

---

4   Lenin, 9 de febrero de 1920, *Pravda*.

mismo Espinoza había admitido 48 horas antes, poco después de jurar su nuevo cargo.

Los campesinos pobres tampoco reciben estímulo en sus luchas. El nuevo ministro de Agricultura, Pedro Hidalgo, socialista, ha extendido al campo el rechazo a las «tomas», anunciando, además, que levantará las compuertas de los precios «remunerativos» para los productores agrícolas y que no tratará de implantar nuevos estancos de productos alimenticios, como el ya existente del trigo.

Estas definiciones del nuevo equipo de gobierno —desde la reactivación en el Congreso del «proyecto Millas», hasta la destitución de los funcionarios de la empresa distribuidora Agencias Graham, cuya salida planteó el general Bachelet—, van señalando un estilo político que la lógica lleva a atribuir a decisiones adoptadas en las reuniones plenarias que en estos días celebraron tanto el PC como el Partido Socialista.

Paralización del proceso

En todo caso, esas definiciones no robustecen la creencia de que el poder esté cambiando de manos de una a otra clase. Más bien siembran dudas en este aspecto fundamental, que sirve para distinguir un proceso revolucionario de un simple proceso reformista. A esto se agrega que virtualmente desde el cónclave de la UP en Lo Curro, en junio del año pasado, que significó un viraje en la política económica, el proceso de transformaciones profundas prácticamente se ha estancado. Las perspectivas así no resultan alentadoras desde el punto de vista de los intereses de la clase obrera, que busca relevar del poder a la clase burguesa. En un proceso como el nuestro, la paralización ni siquiera sirve para consolidar, simplemente se convierte en retroceso.

Los plenos de los comités centrales del PC y PS reforzaron puntos de coincidencia entre ambos partidos. Para el senador Corvalán lo fundamental este año es «lograr la cohesión política y la dirección económica única» que permitan encarar cuestiones como «la conformación de las diversas áreas de propiedad o el problema de la distribución». Para lo primero existe el llamado «proyecto Millas» y para lo segundo, el PC se plantea «el fortalecimiento de la Secretaría Nacional de Distribución y una ampliación de sus atribuciones». Ese organismo está a cargo de las fuerzas armadas.

El «proyecto Millas» ha echado a andar nuevamente en el Congreso —después del paréntesis electoral— y, en cuanto a la distribución, han sido destituidos los funcionarios socialistas cuyo alejamiento planteó el general Bachelet; las vacantes las cubrirán militares y técnicos civiles. Las masas obreras, los pobladores y los campesinos han sido notificados que no se permitirán luchas «espontáneas» que sobrepasen el nivel de compromisos del gobierno. Este marco general permite —sin caer en imputaciones gratuitas— verificar que la estrategia del reformismo continúa imponiéndose en la UP. El gobierno, por lo tanto, debería ahondar en la línea de «asegurar el desarrollo normal de los acontecimientos» con vistas a las elecciones presidenciales de 1976. Dadas las características dinámicas de la lucha de clases, esto equivale a intentar abrir un paréntesis de tres años en el proceso.

No es necesario volver al discurso de Orlando Sáenz ante los socios de la Sofofa para dudar de la factibilidad de este proyecto. Ya en 1919, Lenin advertía: «Quienes tratan de resolver los problemas del paso del capitalismo al socialismo recurriendo a lugares comunes sobre libertad, igualdad y democracia en general, sobre la igualdad de la democracia del trabajo, etc., no hacen más que poner al descubierto su propia naturaleza de pequeños burgueses, de filisteos, de espíritus mezquinos que en el plano ideológico se arrastran, serviles, detrás de la burguesía».[5] Aparte de no contar con «la encarnizada resistencia» de la burguesía en todos los dominios,

---

5   Lenin, *Una gran iniciativa*.

aquel proyecto de «desarrollo normal de los acontecimientos», que está manejando la UP, tampoco toma en cuenta la actividad «espontánea» que despliega la clase trabajadora. El afianzamiento posible de tal proyecto reside en considerar inertes a las clases sociales. Eso no se da —en el caso chileno— respecto a la burguesía ni mucho menos respecto al proletariado. Ni la primera está dispuesta a entregar pacíficamente su poder económico, ideológico y armado, ni el segundo está dispuesto a renunciar a conquistarlo. Es cuestión de pegar el oído a la realidad para enterarse que la lucha de clases está crepitando al más alto grado. La necesidad de una dirección revolucionaria homogénea y firme para conquistar el poder, es evidente. Pero fingir que ya se tiene el poder para imponer una dirección seudomonolítica, que comienza a internarse en el peligroso terreno de la represión ideológica de sectores revolucionarios y del paternalista reproche por el «desorden» y la «anarquía» de los trabajadores, es más grave que un simple error táctico. Es agrietar la cohesión de clase y debilitar la fuerza revolucionaria que, en «pocos meses más», se necesitará para aplastar a los explotadores.

El peligro golpista no es una fantasía hoy en Chile. Pero encararlo no consiste en imponer a las masas un receso hasta 1976. Es ahora cuando debe redoblarse la lucha por el poder. Caen en un grave delito contrarrevolucionario, por lo tanto, quienes dividen partidos populares, hacen del sectarismo una práctica y se restan a la lucha de clases. Se necesita, al contrario, concertar en un mismo esfuerzo al conjunto de los explotados, fortalecer la unidad revolucionaria y atraer al campo proletario a los sectores militares que por compromiso de clase o por convicción ideológica pueden participar en la lucha por el socialismo.

Dictadura popular o derrota*

Manuel Cabieses Donoso

«El que dispone de mayores reservas, de más fuerzas humanas, el que está más sólidamente arraigado entre las masas, ese ganará la guerra».

Lenin (citado por Giap en «Guerra de Liberación»).

El cuadro político al término de la semana pasada señalaba con claridad para los revolucionarios la necesidad de prepararse para decisivas coyunturas. En realidad nada de lo que está sucediendo puede causar sorpresa. La táctica de la burguesía y del imperialismo para ahogar el proceso iniciado en 1970, ha sido afinada en documentos públicos de organizaciones empresariales como la Sociedad de Fomento Fabril, de partidos políticos como el Demócrata Cristiano y el Nacional o de monopolios extranjeros como la ITT y la Kennecott.

PF y otras publicaciones de izquierda han analizado en su oportunidad —desde sus propias perspectivas— esos documentos, declaraciones y discursos que trazan las líneas esenciales que siguen los enemigos del pueblo. Si bien no hay sorpresa en constatar el camino que siguen las fuerzas reaccionarias, lo sobresaliente de la situación es un retraso objetivo en las medidas para montar una contraofensiva que pueda romper el cerco de aniquilamiento que va montando la derecha.

---

* Texto publicado en el N° 185 de *Punto Final,* 5 de junio de 1973.

Esto quizás se debe a un hecho ya varias veces registrado en estas páginas: a la ausencia de una dirección revolucionaria y proletaria que oriente el conjunto de las luchas del pueblo y que supere definitivamente las concepciones democrático burguesas que predominan en sectores del gobierno.

Un poder revolucionario

La tardanza en crear un verdadero poder revolucionario, o sea de métodos de manejo estatal alternativos al encuadramiento del Estado burgués, se está pagando en la forma de un desgaste visible y crónico del gobierno. Pero lo más peligroso es que —corregidos los errores y deficiencias del paro de octubre de 1972—, la burguesía se ha volcado a la diabólica tarea de romper la unidad del movimiento obrero.

Se apoya en sectores de trabajadores que sufren enorme retraso ideológico, producto de la erosión de más de medio siglo de luchas puramente economicistas. Se trata de una herencia entre cuyos legatarios figura la propia izquierda que no ha sido capaz de revertir esa realidad en los últimos tres años. ¿Por qué importantes sectores de trabajadores pueden ser hoy, eventualmente, usados como carne de cañón por la burguesía? Una razón es que esos sectores —y el conjunto del pueblo explotado— no han sido conmocionados por la fuerza del sismo revolucionario. El excesivo cuidado en guardar las formas que distinguen la «vía chilena», ha logrado ocultar incluso a los ojos de vastos sectores de la clase trabajadora el carácter revolucionario que obligadamente asume el propósito programático de «iniciar la construcción del socialismo».

La burguesía y el imperialismo, que estaban destinados a permanecer adormecidos y en cierto modo engañados por la «vía chilena», mientras se desbrozaba el camino de monopolios y terratenientes, abrieron los ojos aun antes que se instalara el gobierno del presidente Allende. Intentaron todo —incluso el golpe, el terrorismo y el asesinato político— para impedir en 1970 que asumiera el nuevo gobierno. Luego del transitorio fracaso, reordenaron sus filas, lucharon internamente por la hegemonía del movimiento opositor, se concertaron con el imperialismo y afinaron una táctica que bien podría llamarse «vía chilena hacia la restauración capitalista».

El papel de la DC

En todas esas etapas que incluyen el paro empresarial de octubre del año pasado, es necesario admitir que ha sido la Democracia Cristiana (por sus mejores vínculos con el imperialismo, su realidad de partido de masas y su mayor poder específico en todos los planos), el partido que ha impuesto su estrategia.

Desde el «estatuto de garantías constitucionales» con que condicionó su reconocimiento al presidente electo en 1970, hasta hoy, en que modifica la Constitución a su amaño o destituye ministros a su antojo, ha sido el PDC el guaripola político de la burguesía, imponiéndose a los corcoveos del Partido Nacional o de Patria y Libertad. La DC —para decirlo de otro modo— ha impuesto al conjunto opositor la madurez estratégica que le aporta el imperialismo, habituado a manejar a control remoto situaciones en extremo complejas.

En efecto, ha sido la DC la que impuso al PN y otros partidos burgueses menores la táctica de enfrentar una «vía chilena al socialismo», basada en el apego y respeto real a las normas legales, con una «vía chilena a la restauración capitalista» que, sin desdeñar las formas ilegales y armadas de lucha, las somete a la utilización intensiva y extensiva de los recursos legales.

La Constitución en manos de la burguesía es un calcetín viejo que se da vuelta al revés y al derecho sin que nadie pueda objetar el procedimiento. Las leyes, decretos, reglamentos y resoluciones, que forman una montaña en un aparato estatal hipertrofiado como el nuestro, son de fácil manejo para los tribunales, la Contraloría y el verdadero ejército de burócratas controlados ideológicamente por la burguesía.

Al gobierno no le quedó más remedio que buscar los «resquicios» legales para tratar de avanzar hacia los objetivos señalados en su programa. Ha sido tarea relativamente sencilla para la burguesía ir taponando uno tras otro esos «resquicios» hasta convertir la legalidad en una pared lisa en que empiezan a resbalar todas las iniciativas del gobierno.

¿Fuera de la ley?

Los desplazamientos opositores, conducidos por la DC, han apuntado a un objetivo central, poner al gobierno fuera de la ley. O sea, construir el supremo argumento que permita utilizar una *última ratio*: la intervención de las fuerzas armadas. La clase obrera y el campesinado, sometidos a grados importantes de confusión por la carencia de una dirección revolucionaria y proletaria coherente, capaz de infundir una verdadera conciencia acerca de la oportunidad de la hazaña histórica a que tienen derecho hoy en Chile, han hecho, sin embargo, lo imposible por desbaratar la estrategia enemiga. En marzo de este año, por ejemplo, deshicieron como pompa de jabón el sueño reaccionario de obtener los dos tercios del parlamento, con lo cual le habría resultado fácil y limpio destituir constitucionalmente al Presidente de la República.

El camino del revanchismo burgués tuvo que volver a su cauce principal: estrechar el cerco en torno al gobierno usando otras instituciones del Estado. El Congreso, los tribunales y la Contraloría son utilizados como poleas de transmisión con la «oposición desde la base». Un caso típico es el conflicto en el mineral de cobre El Teniente, que en la superestructura institucional manejada por la derecha repercute en la próxima destitución de los ministros del Trabajo (comunista) y de Minería (Izquierda Cristiana).

La DC hace sentir el peso de su mano al resto de la oposición, por ejemplo, cuando se niega a votar la acusación presentada por el PN contra el ministro de Economía porque, en cierta forma, afectaba a las fuerzas armadas, ya que implicaba al secretario nacional de Distribución, general Alberto Bachelet. Pero al mismo tiempo, al terminar la pasada semana, anunciaba que destituiría al mismo ministro (y a cualquiera que lo reemplace) por mantener la vigencia de las Juntas de Abastecimientos y Precios (JAP), que es una de las formas de organización ideadas por el pueblo para luchar por una justa distribución de alimentos.

La Corte Suprema —por su parte— enviaba un oficio representándole «por enésima vez» al presidente de la República la «ilícita intromisión en asuntos judiciales» de autoridades administrativas. Se trata de intendentes y gobernadores que han ordenado a Carabineros no cumplir órdenes de desalojo de industrias o fundos dictadas por tribunales. Poniendo su granito de arena a la táctica de «defensa del régimen legal» que hipócritamente propugna la DC, la Corte Suprema asevera que estos hechos significan «no ya una crisis del Estado de derecho, como se le representó a S.E. en el oficio anterior, sino una perentoria o inminente quiebra de la juridicidad del país». Impotente en su propia frustración, la Corte Suprema advierte que «ha requerido a la Justicia Militar para que instruya el proceso correspondiente». Ella también, como es lógico, trata de implicar a las fuerzas armadas en el plan maestro de la oposición.

Mientras las presidencias del Senado y la Cámara de Diputados pasaban a manos del jefe tácito de la oposición, Eduardo Frei, y de un audaz parlamentario ligado a los sectores fascistas, Luis Pareto, la Contraloría General de la República, a su vez, redoblaba sus dictámenes ordenando devolver industrias requisadas o intervenidas, tratando por todos los medios de probar que el gobierno se desplaza en la más absoluta ilegalidad. El Tribunal Constitucional, por su lado, luego de ser sometido a intenso «ablandamiento» publicitario, terminaba dando la razón a la mayoría del parlamento en la discrepancia surgida entre el gobierno y el Congreso a raíz de la reforma que somete la formación del área social de propiedad a la voluntad de la mayoría burguesa parlamentaria. El Senado y la Cámara de Diputados, previamente, habían proclamado que desconocerían el fallo si les era desfavorable.

El PDC, formalmente, ha proclamado que «repudia toda solución que implique la búsqueda de salidas políticas al margen de la Constitución y de la ley» (voto político de la junta nacional, *La Prensa*, 15 de mayo). Pero su accionar concreto revela que esta afirmación debe interpretarse en el mismo sentido del gesto de Poncio Pilatos. Tal como en la conspiración de 1970, el PDC se lava las manos por si las cosas salen mal. Y si salen bien se prepara a cosechar en el plano de un partido cuya imagen «democrática» se mantenga relativamente limpia. Su sentido de orientación política se revela en el esfuerzo principal volcado a movilizar a sectores de trabajadores engañados o ideológicamente retrasados contra el gobierno. Es la criminal «oposición por la base», que de tener éxito podría enfrentar a explotados contra explotados en la arena del Nerón burgués. Para ello la DC necesita disfrazar sus intenciones y someter al PN a una táctica política que se basa en el levantamiento de una alternativa de «centro izquierda».

El PDC mantiene una federación con grupos como el PIR y el PADENA, a la cual «pueden sumarse en el futuro otras fuerzas políticas y sociales que, estando por la creación de una nueva sociedad, sean a la vez verdaderos pilares de sustentación de las bases esenciales de una verdadera y auténtica democracia». Bajo el toldo de un «socialismo comunitario», versión corregida y aumentada de la «revolución en libertad» de 1964, la DC busca agrupar a sectores socialdemócratas que incluso están todavía en la Unidad Popular. El PN y otros grupos de extrema derecha estarían obligados, como hace nueve años, a prestar su apoyo a esa combinación que bajo la mentira de luchar por «la sustitución total y definitiva del régimen capitalista», devolviera a este y al imperialismo todo el vigor que alcanzó en el sexenio freísta. En esta línea la «oposición desde la base» resulta fundamental para enervar el apoyo que sectores populares, aún no penetrados por la conciencia de clase, deberían entregar a la izquierda.

Lecciones políticas

Sin duda ha llegado la hora de sacar una enseñanza de los últimos tres años, y de ella deducir una línea revolucionaria correcta. Desde luego, han fracasado todos los intentos patrocinados por algunos sectores en el seno de la Unidad Popular para llegar a un entendimiento con grupos de la burguesía, como la DC. Leyes inexorables de un proceso revolucionario siguen imponiéndose en el cuadro político. Las negociaciones celebradas con la DC en 1972 y la política económica conciliadora con la burguesía aprobada en la reunión de la UP en Lo Curro, llevaron directamente al paro patronal de octubre. La política del ministro de Economía, Orlando Millas, que ofrecía «nuevas garantías a la burguesía y a los partidos que la representan» (carta del PS al PC, 13 de febrero de 1973), tuvo como respuesta una reactivación generalizada de la burguesía y abiertos llamados al golpe de parte de los organismos patronales. Está demostrado, pues, que la lucha de clases ha tocado a zafarrancho en nuestro país. Se trata de un combate donde los protagonistas no buscan sino la victoria; particularmente esa disposición se avizora con toda claridad en los representantes políticos de la burguesía. Sin «perjuicio de postergar un enfrentamiento que asuma características de una guerra civil, al menos mientras la correlación de fuerzas no sea claramente favorable al proletariado, resulta una ingenuidad costosa llevar a los trabajadores al convencimiento que ese peligro puede ser conjurado mediante la desactivación de sus propias luchas. El secretario general del PC, Luis Corvalán, ha dicho correctamente que «la lucha contra la guerra civil no debe conducir en modo alguno a la "paz social" ni nada que se le parezca. La "paz social" es una ilusión en una sociedad dividida en clases antagónicas…».

La campaña contra la guerra civil, obviamente, persigue disuadir al enemigo de apelar a ese recurso. Pero si no se maneja con exactitud y clara orientación revolucionaria, también puede desarmar a la clase obrera y a los sectores aliados del pueblo, que a pretexto de no desatar el enfrentamiento podrían quedar amarrados de pies y manos ante el constante avance reaccionario. La clase trabajadora no puede olvidar que la guerra civil es la culminación de la lucha de clases, que solo se puede evitar si previamente la burguesía ha sido debilitada, aislada y reducida a simples manotazos defensivos. Por eso la campaña publicitaria contra la guerra civil no puede asumir un tono pacifista porque solo conseguiría desarmar al proletariado que, por el contrario, necesita cobrar conciencia de que la única manera de impedir un enfrentamiento generalizado es golpeando los reductos económicos y políticos de los que la burguesía extrae su fuerza. La clase obrera debe estar preparada —si el enemigo desata la guerra civil— a ganar también en ese terreno.

Una dictadura popular

A pesar de todas las dificultades y de las cortapisas que han opuesto los propios sectores conciliadores de la UP, la clase obrera chilena está haciendo los «prodigios de organización proletaria» de que hablaba Lenin en 1914. Creaciones populares como los Comandos Comunales, los Consejos Campesinos, los Cordones Industriales, etc., muestran que en forma casi intuitiva, guiada por aún débiles vanguardias políticas, la clase obrera chilena ha intentado estructurar un poder revolucionario. En el último Mensaje del presidente Allende al Congreso Nacional (21 de mayo de 1973), se reconocen estas creaciones del genio de nuestro proletariado y se les estimula a diseminarse por todo el país. Ese reconocimiento es bueno, como buena ha sido la decisión del PC de incorporarse ahora a esos organismos.

Pero no basta. El poder revolucionario dirigido por el proletariado y con la participación de todos los sectores explotados y pobres, debe organizarse para tomar «directamente en sus manos los órganos del poder del Estado», como señalaba Lenin. Es necesario —más aún, es imprescindible— que los obreros controlen todo el aparato del Estado. Si bien ese es un objetivo revolucionario, en esta etapa de transición es preciso crear condiciones mediante el traspaso de poderes a manos proletarias, a manos del poder popular y de sus expresiones: Comandos Comunales, Cordones Industriales, JAP, etc. Esto conlleva, sin duda, un riesgo calculado que es salirse de la máscara de hierro de las formas democrático burguesas. Supone, ciertamente, un grado de dictadura popular ejercido a través de organizaciones que dirija el proletariado con apoyo —o al menos simpatía— de las fuerzas armadas. Pero esa dictadura popular, que traslade el epicentro de la contienda desde las instituciones dominadas por la burguesía al terreno que controla el proletariado, parece ser el único modo de desarmar ahora la máquina infernal que han montado la burguesía y el imperialismo.

Dictadura popular:
único remedio contra los golpes de Estado*

PF

Los sucesos del 29 de junio, ocurridos al cierre de la edición de *PF*, vinieron a demostrar con fuerza dramática la profunda crisis que afecta a la institucionalidad burguesa. Pocas horas después que el jefe de la Zona de Emergencia de Santiago, general Mario Sepúlveda Squella, ex-jefe de la Inteligencia Militar, denunciara que había sido detectado un complot, se rebeló el Regimiento Blindado N° 2, una de las unidades más importantes de la capital.

Hasta los momentos de escribir esta información, en la noche del viernes, se sabía de varias víctimas civiles, provocadas por los militares sublevados. Sin embargo, el conjunto de las Fuerzas Armadas mantenía una actitud de lealtad al gobierno que preside Salvador Allende. El propio comandante en Jefe del Ejército, general Carlos Prats, tomó parte relevante en el aplastamiento del intento de golpe.

A nuestro juicio, lo importante de la actual coyuntura es avizorar con claridad las perspectivas que se ofrecen a la clase trabajadora para avanzar en el proceso revolucionario, pese a los graves obstáculos que se les están oponiendo.

Sin duda, el cuadro que mostraba el país hasta el momento de ser abortado el movimiento sedicioso,` era favorable a un enérgico viraje del gobierno para abrir paso al` espíritu revolucionario de las masas organizadas.

---

*   Suplemento extra de la edición N° 187 de *PF*, 3 de julio de 1973.

El aislamiento del foco golpista se hizo evidente desde el inicio mismo de la acción protagonizada por el Blindados N° 2. Las primeras informaciones, reunidas señalaban que el alzamiento de esa unidad militar formaba parte del complot que cuarenta y ocho horas antes denunció el general Sepúlveda Squella. El jefe del Regimiento insurrecto, teniente coronel Roberto Souper, ligado por lazos familiares a elementos de extrema derecha, había sido relevado de su mando el día anterior. En el curso de la investigación que sobre el complot adelantaba la autoridad militar, se encontró que el comandante Souper era uno de los implicados y por ese motivo se le quitó el mando de su regimiento. No obstante en circunstancias que no estaban claras al momento de elaborar esta información, ese jefe militar pudo operar con relativa facilidad y llevó a sus blindados a rodear el palacio de gobierno, en cuya periferia se libraron algunos encuentros que concluyeron a mediodía del viernes con la rendición de los amotinados. Es muy probable que la revelación de que se fraguaba un complot haya precipitado la sublevación parcial, encabezada por Souper. Quizás el anuncio fue formulado prematuramente, sin que se hubiesen practicado todas las detenciones de implicados que eran necesarias. En todo caso, lo que surgía con evidencia al anochecer del viernes 29, era que el alzamiento se había circunscrito al Regimiento Blindados N° 2, sin contagiar a otras unidades de las Fuerzas Armadas y Carabineros, que en su conjunto permanecieron leales al gobierno constitucional.

La extemporánea acción encabezada por Souper reveló, sin lugar a dudas, la amplitud del complot de la derecha. Aunque las fuerzas políticas reaccionarias se vieron frustradas en su intento de realizar un golpe de Estado, lo ocurrido demostró que la conspiración contra el gobierno de la Unidad Popular tenía todos los visos de seriedad que oportunamente han denunciado los partidos de izquierda. En efecto, enfrentada la burguesía al problema de un gobierno que le impide ejercer a plenitud el poder, ha optado francamente por una salida violenta. Sin embargo, no logra hasta ahora atar todos los hilos de una conspiración en regla, que le permita llevar a término un golpe de Estado. Los instrumentos institucionales bajo su control —parlamento, tribunales, Contraloría— han sido utilizados a fondo para «ablandar» al gobierno, creándole dificultades casi insuperables. Pero ese «ablandamiento», ejecutado mediante los mecanismos institucionales que tiene a su mano, no ha producido a la burguesía el resultado definitivo que busca. El juego legalista, con el cual pretende inmovilizar al gobierno, en cierto modo inmoviliza también, a la propia burguesía. De allí que sus sectores más extremos, cuyas cabezas de playa se pueden encontrar tanto en el Partido Nacional como en la Democracia Cristiana, estén presionando por una definición violenta. Para ello requiere, claro está, la colaboración de sectores importantes de las Fuerzas Armadas, que es el ángulo de esta audaz política, que todavía no ha logrado caer bajo dominio derechista. Pero los hechos ocurridos en el último período, incluyendo el alzamiento que encabezó Souper, demuestran que la conspiración reaccionaria ha ido penetrando en círculos, castrenses y ganando aliados en esferas que poseen mando de tropas. El foco de rebelión militar que estalló el día 29, es una advertencia en este sentido. Debe ser visto —por decirlo de alguna manera— como un forúnculo que hace erupción, pero que revela un mal que se ha propagado en ese organismo.

Sería ingenuidad, creemos, estimar que los conspiradores reaccionarios han gastado todas sus municiones en la sublevación del Regimiento Blindado N° 2. Este intento de golpe de Estado les ha fracasado, pero volverán a la carga una y otra vez, mientras conserven fuerzas. Esa es la perspectiva que debe tener presente el pueblo y ello lleva, lógicamente, a concluir que la resistencia reaccionaria debe ser aplastada sin miramientos, para despejar el camino hacia el poder.

El golpe abortado

El jueves pasado, el general de Brigada Mario Sepúlveda Squella, jefe de la Zona de Emergencia de Santiago, reunió a los directores de todos los medios informativos para anunciarles que había sido descubierto y abortado «un movimiento sedicioso, con participación de militares y civiles». El teniente coronel Roberto Souper, comandante del Regimiento Blindado N° 2 fue notificado en la tarde del mismo jueves que sería relevado del mando en esa unidad, por la responsabilidad que tenía en el complot denunciado. Sin embargo, no fue detenido a tiempo y Souper aprovechó esta ventaja para marchar a las nueve de la mañana del viernes siguiente, sobre La Moneda, al mando de una columna de tanques.

La debilidad que se tuvo frente a Souper, cuya participación en el complot denunciado por el general Sepúlveda estaba comprobada por el Alto Mando, le permitió a este poner el palacio de gobierno bajo la amenaza de los cañones de sus tanques. El Blindado N° 2 logró controlar las calles periféricas a La Moneda y la Plaza de la Constitución, alrededor de tres horas, en la mañana del viernes 29 de junio. La acción desesperada de Souper, sorprendió completamente al gobierno y a las fuerzas organizadas del pueblo. Durante la mayor parte de esas tres horas, la confusión creada por la intentona golpista de Souper y su gente, logró crear un ambiente general de desgobierno con ayuda sincronizada de Radio Agricultura y otras emisoras reaccionarias, que no acataron la cadena oficial de la OIR.

Estas emisoras mintieron sobre la dimensión y el carácter del alzamiento militar y llamaron abiertamente a la población civil a sumarse a esas fuerzas para derrocar al gobierno. El carácter de la asonada de Souper fue, sin embargo, criminal. A su paso por las calles dejaron una estela de seis muertos y más de 20 heridos, todos civiles.

Pasados los primeros momentos de confusión, numerosos grupos de militantes de izquierda y trabajadores salieron a las calles a defender el gobierno. Pero, paralelamente, las Fuerzas Armadas leales habían movilizado sus efectivos, encabezados por el general Carlos Prats en persona. Alrededor el mediodía fuerzas del Regimiento Buin y otras unidades rodearon La Moneda, y lograron hacer huir a la tropa sublevada. El presidente Allende se instaló nuevamente en su despacho de La Moneda, y desde ahí habló al pueblo, llamándolo para una concentración en la tarde. Solo francotiradores ubicados en varios edificios estratégicos del centro se mantuvieron disparando por breve tiempo después que las fuerzas leales dominaron la situación. En las primeras horas de la tarde, el gobierno anunciaba que la calma, era total en el resto del país. ¿Qué había pasado? Quedó en claro que sectores ultrareaccionarios del Ejército, encabezados esta vez por el teniente coronel Souper, trataron de dar un golpe de Estado desesperado, en espera de una reacción general espontánea en contra del gobierno. A las cuatro de la tarde, los soldados se retiraron del centro de la ciudad y entregaron la mantención del orden a Carabineros. Había terminado la aventura golpista de Souper, pero ¿cuántos más quedan en las sombras, esperando una nueva oportunidad? Souper, de un manotazo, rompió el mito de que la utilización de las Fuerzas Armadas para dar un golpe de Estado y derribar el gobierno de la Unidad Popular, era inconcebible en el país. Los permanentes llamados a la sedición de los políticos reaccionarios, están dirigidos a focos subversivos de existencia real dentro de las Fuerzas Armadas.

Necesidad de imponer una dictadura popular

Ha sido la propia burguesía la que ha roto las reglas del juego. Primero mediante el festinamiento de la democracia parlamentaria. El parlamento, en manos de los agentes políticos de la burguesía, ha rebasado todos los marcos de lo que podría considerarse una acción opositora legítima. En el plazo de un mes, por ejemplo, ha destituido tres ministros de Estado y mantiene en candelero a un cuarto, además de sacar de sus puestos a tres intendentes. La Contraloría General de la República, convertida en un verdadero poder de los reaccionarios, obstaculiza toda la acción administrativa del gobierno. Y los tribunales de justicia, encabezados por la Corte Suprema, crean a través de fallos y dictámenes abusivos el marco necesario de una «ilegitimidad» del gobierno. La prensa, radio y televisión en manos de los reaccionarios, por su parte, operan fuertemente sobre la conciencia de vastos sectores, induciendo a la resistencia y ahora a la rebelión abierta contra el gobierno de la Unidad Popular.

Si algún saldo positivo puede sacarse de los sucesos del 29 de junio, ese debería ser —no cabe duda— el estímulo para dar un viraje definitivo que permita al gobierno y a las masas populares quebrar definitivamente la resistencia adversaria. Esto lleva a lo que *PF* ha estado planteando, en sus dos últimas ediciones: la instauración de una dictadura popular que permita romper el cascarón de la institucionalidad burguesa y alcanzar, cuando menos, el cumplimiento integral del programa de la Unidad Popular.

Está visto que la reacción no permitirá que el gobierno cumpla ni siquiera un porcentaje considerable de su programa, aunque este se plantee en términos de absoluto respeto a las normas de la institucionalidad creada por la propia burguesía. Hablamos de «romper el cascarón» por dos razones: una de ellas es que la misma sublevación del día 29 demuestra la fragilidad de un cuadro institucional aparentemente fuerte y sólido. No es necesario aquí un recuento de los hechos políticos que corroboran la fragilidad de un sistema que el proletariado menos que nadie está obligado a respetar.

La otra razón que nos lleva a propugnar un sistema de gobierno que se vea libre de las trabas implacables que opone la burguesía, es que solo mediante la creación de una nueva institucionalidad, basada en el poder popular, es posible realizar en términos relativamente pacíficos la transición al socialismo. Aunque el actual gobierno no pretenda consumar esa transición, el programa de la Unidad Popular está comprometido a «iniciar» la construcción del socialismo. Todo el desarrollo del proceso chileno demuestra que la violencia acecha para asaltar sobre el cuello de la clase trabajadora. Con el ánimo de evitar el enfrentamiento, el gobierno ha tenido que ir replegándose en los marcos de su propio programa y en alguna forma induciendo a la desmovilización de las masas. Pero la lucha de clases no ha cesado de ir creciendo en nivel y fuerza.

La burguesía, como lo examinamos en otras páginas de esta edición, tiene sin duda fuerza y un aliado poderoso que es el imperialismo. Pero esa fuerza, que se opone y resiste a los cambios profundos, que son necesarios para «iniciar» la construcción del socialismo, es objetivamente mucho menor de lo que se suele pintar en algunos análisis de izquierda. Un cierto grado de descoordinación entre sus diferentes sectores, la evidencia de tácticas distintas en su seno, la lucha de grupos económicos por la hegemonía del conjunto, las rivalidades para alcanzar los favores del imperialismo, etc., llevan a que la burguesía —a nuestro juicio— sea mucho más débil de lo que usualmente se cree. La sublevación del 29 de junio puede servir objetivamente para dar un vuelco en la situación y cambiar bruscamente en favor del pueblo la correlación de fuerzas en el plano nacional. Para ello hace falta una dosis importante de audacia y una decisión revolucionaria que no vacile en acudir al poder de la clase trabajadora y de los sectores patrióticos y progresistas de las Fuerzas Armadas. Apoyándose en las organizaciones de masas y en los importantes sectores de las Fuerzas Armadas y Carabineros que están dispuestos a permitir el curso del desarrollo histórico del país, creemos que es posible intentar una nueva forma de gobierno, una dictadura popular, que garantice a la mayoría de la población, o sea a la clase trabajadora, el desarrollo de una verdadera democracia.

La vasta corriente de los trabajadores organizados, secundados por los soldados, está en capacidad no solo de sobrepasar la difícil coyuntura creada en los últimos días, sino también de arrasar con todos los obstáculos que se han venido oponiendo a la voluntad liberadora de la mayoría de los chilenos.

Golpismo goza de buena salud*

PF

La aplicación de la Ley sobre Control de Armas está asumiendo caracteres de una verdadera persecución contra la clase trabajadora. Utilizando violentos y abusivos procedimientos, han sido allanados locales de la CUT, poblaciones, sedes de partidos populares, fábricas y recintos sindicales, canal universitario de televisión etc. Algunos sectores, entre los que se cuenta *PF* denunciaron oportunamente que esa ley —ideada e impulsada por la directiva del partido Demócrata Cristiano— se convertiría, en los hechos, en una nueva «Ley Maldita». Su promulgación, tal como la concibió el freísmo, desgraciadamente se concretó debido a la actitud de los sectores más vacilantes del gobierno.

La situación creada es paradójica ya que debido a la abusiva utilización de esa ley, los sectores populares amagados por el conato golpista del 29 de junio aparecen perseguidos y hostilizados. En cambio, los que propugnan el derrocamiento del gobierno aparecen formulando irresponsables denuncias —cuya impunidad queda protegida por el «secreto del sumario»— que lanzan a las Fuerzas Armadas contra el pueblo en acciones que asumen caracteres represivos.

Esta intolerable situación, que afecta directamente a la clase obrera y a sus organizaciones, ha provocado justo repudio de todos los sectores populares, que exigen la derogación de esta

---

*   *PF* N° 198, 31 de julio de 1973.

nueva Ley Maldita. Los voceros reaccionarios, como *El Mercurio,* admiten que, al empujar a la represión a las Fuerzas Armadas con la aplicación de esa ley se busca debilitar al Poder Popular. En el poder revolucionario de las masas organizadas, la reacción ve su mayor amenaza. Por eso, manipula bajo un manto legal a las Fuerzas Armadas. Calcula que así distanciará a los trabajadores de los soldados, marinos, aviadores y carabineros. Esta situación debe ser corregida con prontitud y enfilar el peso de la acción contra el golpismo.

Dos concepciones sobre el proceso*

Nicolás García Moreno

Como es sabido, durante los tres últimos años han coexistido dentro de las fuerzas políticas que impulsan el proceso revolucionario, dos concepciones sobre el desarrollo histórico que vivimos: la de personas y partidos que sostienen que es posible alcanzar el socialismo a través de simples reformas graduales de la sociedad, y la del Partido Socialista y otras fuerzas políticas que buscan «iniciar la construcción del socialismo» en este periodo. Los primeros enarbolan una versión modernizada de la vieja tesis revisionista formulada por Eduard Bernstein, a fines del siglo pasado. Estas profundas contradicciones no revisten solo un carácter académico, sino que se expresan en comportamientos del gobierno que anulan toda iniciativa dirigida a imprimir una conducción revolucionaria al proceso.

Se actúa de espaldas a las masas, y aplicando una política de hechos consumados, lo que lleva a una posición de absoluto descrédito ante ellas, cuando estas en vez de la voz de mando de avanzar que esperan de sus vanguardias políticas, reciben la orden de replegarse, las más de las veces, con su secuela de frustración y derrotismo.

Los sostenedores del «gradualismo» disocian el proceso revolucionario en dos etapas —una abre paso a otra— y contemplan alianzas con la burguesía «progresista» para el cumplimiento de la

---

* *PF* N° 191, 28 de agosto de 1973.

primera de ellas. Hablan de luchar «por los cambios revolucionarios antiimperialistas y antioligárquicos» y por «abrir paso al socialismo». No hablan de «iniciar la construcción del socialismo», como dice el Programa de la UP y como lo plantea el PS. De ahí que haya quienes se congratulan del curso que está tomando actualmente el proceso, ya que él vendría a demostrar la validez de sus concepciones acerca de los objetivos estratégicos, en esta etapa, y de sus políticas de alianzas o entendimientos con la burguesía «progresista», representada por la DC. Siendo esto muy grave, lo que más alarma sin embargo, es el hecho de que estas ideas se infiltran y se contagian, y algunos dirigentes las utilizan para justificar la conciliación de clases y para permitir que se impulse la política de hechos consumados, sin la explicación a las masas.

Ha faltado decisión revolucionaria

La llamada «vía chilena» es, indiscutiblemente, una concepción del más burdo corte reformista. Por eso, sus ejecutores nunca han estado dispuestos a aprovechar las alteraciones favorables de las condiciones objetivas y subjetivas dentro de las cuales avanza el proceso, determinadas por la propia dinámica de los cambios sociales y económicos producidos. Son las coyunturas políticas perdidas para dar un vuelco cualitativo al proceso, que se dejaron pasar porque no se tuvo la decisión de impulsar la revolución, mediante una conducción creadora, en cada una de aquellas oportunidades.

Así sucedió en los primeros meses del gobierno popular, en que se pudo realizar un avance profundo en la lucha por el socialismo, aprovechando la desarticulación de la burguesía; en los días que siguieron a las elecciones municipales de abril de 1971, en que se pudo vencer a la reacción en un plebiscito, con la fuerza emanada de dichos comicios; en octubre de 1972, en que se pudo contragolpear a la burguesía con la tremenda potencialidad revolucionaria revelada por las masas; en los días posteriores a las elecciones parlamentarias de marzo de 1973, en que se pudo imprimir un impulso más radical al proceso, con el poderoso respaldo social otorgado al gobierno en dicha consulta popular, y el 29 de junio de 1973, en que se legitimó cualquiera acción revolucionaria después de haber roto la burguesía la legalidad con el alzamiento militar de ese día. Nadie podrá decir honestamente que no había fuerza en las masas para pasar a la ofensiva en cada una de estas coyunturas políticas, lo que faltó fue decisión revolucionaria. En vez de ella, primó el espíritu de la conciliación, que no puede llevar a otra parte que no sea a la liquidación del proceso de cambios revolucionarios.

El diálogo: pobre respuesta al enemigo

En ese marco político, se ha producido el último acto de este proceso, que se está tornando por demás dramático: el así denominado diálogo del gobierno con la DC, que consiste, pura y simplemente, en la búsqueda afanosa de un acuerdo que, a la larga, paralizará el proceso de cambios y destruirá el poder popular en formación, sometiendo de nuevo a las masas trabajadoras al simple rol de espectadores o de instrumentos de una política que ya no responderá, de ninguna manera, a sus intereses históricos y que, por su naturaleza, tendrá que ser ejecutada fatalmente por personeros representativos de otros sectores sociales. Pobre respuesta es esta invitación a dialogar al enemigo de clase, frente a la despiadada ofensiva de este para derrocar al gobierno o hacerlo capitular.

Esta política contradice abiertamente la nueva línea de acción, pedida por los trabajadores, sentida por ellos, impulsada por los Cordones Industriales y los Comandos Comunales. Línea que ofrecía a las masas un camino de combate para la conquista de la plenitud del poder. De igual modo, esta política contradice la opinión mayoritaria existente en la clase obrera, en el sentido de no aceptar la realización de una política de conciliación que paralice al proceso, introduzca al enemigo en el seno mismo del gobierno, sea este civil o uniformado, exponga a los trabajadores al riesgo de la represión armada por la gravitación de los sectores reaccionarios y, en suma, coloque al gobierno en interdicción.

Por eso, este «gabinete de garantías» fue recibido mal por los trabajadores. La concentración de la Avda. Bulnes mostró la disconformidad con lo obrado por el Presidente de la República. La indignación de los trabajadores fue evidente. La conclusión es clara: la clase no acepta, bajo ningún pretexto ni subterfugio, que se trance el programa, se marche hacia atrás en las conquistas logradas por los trabajadores, o se retroceda o congele el proceso revolucionario. Tampoco acepta la desfiguración del carácter popular del gobierno.

Claros síntomas de bonapartismo

No obstante lo anterior, se produjo el gabinete con los Comandantes en Jefe de las FF.AA. y el Director General de Carabineros que, a todas luces, es el primer paso del «gabinete de garantía» para la burguesía que exigiera la DC al sostener que para continuar el diálogo era necesario la formación de un gabinete en que participaran las FF.AA. «institucionalmente», exigencia que también hicieron presente, en términos similares, los jefes militares en un petitorio del 21 de julio 1973.

Así, una vez más, se ha pasado por encima de la opinión de las masas, por decisión del Presidente y de fuerzas políticas con un enfoque común del proceso y de la apreciación equivocada de las circunstancias.

Nuevamente han chocado las dos concepciones diferentes a que hacemos referencia al comienzo y, «la brecha que separa ambas concepciones se ha ido ensanchando en el desarrollo de los acontecimientos, llegando al punto crítico en que hoy nos encontramos». Una vez más se ha impuesto una línea de conciliación de clases, magnificando el poder de los elementos sediciosos y golpistas y subvalorando la capacidad de combate de la clase obrera.

¿Es insólito el proceso chileno?

Es sabido que, por peculiar que sea este proceso, no puede escapar a las leyes generales de la revolución, como lo demuestra la escalada ininterrumpida de violencia reaccionaria. Al respecto, hay que decir: «El carácter revolucionario del proceso chileno está determinado por las condiciones en que se desenvuelve, por las fuerzas motrices que lo sustentan y por los objetivos programáticos que se ha trazado. Pero, "carácter revolucionario" no significa carácter socialista. Ni le da por sí carácter socialista al gobierno popular la presencia de los partidos obreros. En última instancia, son las medidas que van derrumbando el sistema e incorporando a la clase obrera al poder las que provocan el cambio cualitativo».

Por lo mismo, un gobierno que pretende alterar negativamente sus objetivos programáticos, debilitar la participación de las fuerzas sociales que lo sustentan y buscar apoyo en fuerzas sociales antagónicas perderá irremisiblemente su carácter revolucionario. Esta desviación se agrava más aún cuando ese gobierno hace depender su estabilidad y supervivencia del apoyo de las FF.AA. y no de los trabajadores, debidamente preparados tanto desde el punto de vista subjetivo como desde el punto de vista objetivo. Una verdadera revolución solo puede ser defendida por sus propios protagonistas históricos, quienes deben sostener, por eso, a través de sus partidos y organizaciones de clase, el derecho a defender por todos los medios su revolución. En una revolución nada existe de estable, fuera de lo que ha sido conquistado por la masa del pueblo. Recordemos cuáles son nuestras conquistas sólidas y efectivas, las conseguidas con lucha de las masas.

Ni los más liberales cultores del carácter «insólito» del proceso chileno pueden negar estas verdades fundamentales.

Nadie puede engañarse con las perspectivas del compromiso o «mínimo consenso». La DC ha sido clara y tajante. Antes de tratar acerca de los problemas concretos derivados de la crisis de fondo, ha exigido el «restablecimiento» completo de la institucionalidad, que supone la disolución de los órganos de poder popular en cuanto contrarían el régimen establecido: la promulgación de las reformas constitucionales sobre las áreas de la economía y la propiedad de la tierra; la irrestricta aplicación de la ley sobre control de armas, colocando a los trabajadores en la indefensión frente a los golpistas, y la devolución de las empresas ocupadas. Después, se apronta para discutir el «restablecimiento» del orden económico, cuyo desenlace está por verse, aunque no es difícil presumir sobre quiénes se pretenderá descargar los efectos de esta «política reordenadora».

Hay que impulsar las políticas de clase

Estos resultados no pueden extrañar a nadie que utilice el instrumento de análisis del marxismo. La DC es, en efecto, la agencia principal de la burguesía y del imperialismo en Chile. Por encima de sus contradicciones internas, se destaca su esencia burguesa que la convierte, en los hechos, en el arma más poderosa del orden capitalista. Por eso, toda su acción está dirigida a obstruir el proceso revolucionario y defender los intereses de las clases dominantes, su orden político burgués, su orden económico burgués. En este sentido, quienes auspician o toleran estos entendimientos con la DC deberían recordar la reafirmación de su política de clase hecha por el PS en la resolución política aprobada en el XXIII Congreso General, celebrado en La Serena: «El Partido Socialista postula la independencia de la clase de los trabajadores frente a la burguesía chilena, que, como clase sostenedora del orden vigente, constituye, junto con el imperialismo, una fuerza irreversiblemente contrarrevolucionaria. Las alianzas y compromisos permanentes con ella, han traído solo derrotas y postergaciones en el campo de los explotados».

El gabinete cívico-militar-policial constituye un trágico error toda vez que la nueva coalición no hará más que abrir paso a la restauración de los intereses de la burguesía, a través de un golpe institucional. Solo a pocos días de constituido dicho gabinete, se agregan nuevas exigencias de la DC, como la plena vigencia del Estado de derecho, que significa el acatamiento por parte del gobierno de todas las decisiones de la institucionalidad burguesa; la eliminación de los grupos armados, identificando como tales a las organizaciones de izquierda y del poder popular; el cambio de los mandos medios por militares o por funcionarios de confianza de estos, restableciendo la verticalidad de la disciplina administrativa a semejanza de la existente en las FF.AA.

A lo anterior, se agrega la amenaza de represión en contra del MIR y la llamada «ultra-izquierda», en la cual se involucra al PS: se intensifican los allanamientos de los centros de trabajo y locales sindicales, y se desata la más brutal represión interna en la Armada en contra de suboficiales y marineros, por el «delito» de oponerse a los designios de oficiales golpistas y aprestarse a defender el gobierno legítimo. No se puede guardar silencio frente a esta última iniquidad, por el contrario, hay que manifestar pública solidaridad a los marineros perseguidos y exigir el respeto que merecen como chilenos y patriotas, de modo que tengan un proceso justo y público.

La salida que debió adoptarse para encarar la crisis provocada por la clase patronal y el imperialismo, era la formación de un gabinete civil UP. Junto con la movilización de las masas plenamente informadas de los peligros que se ciernen sobre el proceso. En suma, pasar a una contraofensiva revolucionaria.

Unidad para la revolución

Es urgente fortalecer la unidad de la clase, fortalecer la Central Única de Trabajadores y dar un impulso fuerte a los Cordones Industriales, terminar con las divergencias que existen en el seno de estos organismos. Cualquier división de la clase es criminal en estos momentos. En cuanto a la unidad política de la clase, solo puede darse plenamente cuando concurre la voluntad común de los partidos obreros, con la misma doctrina, para desarrollar el proceso revolucionario y afianzar el rol dirigente de la clase obrera y su vanguardia.

Es necesario tener conciencia que quienes buscan alianzas o entendimientos con la burguesía «progresista», representada por la DC, están deteriorando la unidad política de la clase. Por lo tanto, hay que desarrollar la unidad de la clase tras sus objetivos históricos y rechazar todo compromiso con la burguesía.

No hay que perseguir la unidad por la unidad, sino la unidad para la revolución. Esto, es más necesario entenderlo ahora, ya que la constitución del gabinete «cívico-militar-policial», ha creado nuevas condiciones políticas en el país, cuyas consecuencias naturales serán de la más extrema gravedad. No solo se ha desfigurado el carácter popular del gobierno, sino que se hace peligrar la hegemonía de los partidos obreros en él.

Los que no dispararon*

René A. Balart Contreras

> «*No dispares, hombre, contra el pueblo*».

(Luis Ross Mujica, ex-oficial de Marina, parlamentario de los huelguistas de Valparaíso, en marzo de 1903, dirigiéndose al teniente Valverde, uno de los encargados de la represión).

> «*Los soldados no cometeremos el crimen de lesa patria de adoptar iniciativas espurias, que nos conduzcan a empapar nuestras armas y uniformes con la sangre de miles de compatriotas*».

(Comandante en jefe del Ejército, general Carlos Prats González, actual ministro de Defensa).

En artículo anterior (*Punto Final* N° 189) hicimos referencia a la sujeción de las fuerzas armadas a la autoridad del Presidente de la República, consagrada en los artículos 22, 71 y 72 de la Constitución Política del Estado y en el DFL N° 1 de 1968. Afirmamos que, por consiguiente, no cometían delito alguno quienes manifestaban, de palabra o por escrito, que nuestros institutos armados no debían obedecer a aquellos oficiales que, encandilados por los cantos de sirena de los voceros reaccionarios, intentaron una aventura golpista.

Lejos de constituir un llamado a la subversión militar, toda campaña destinada a destacar que las FF.AA. no tienen que seguir a los

---

* *PF* N° 191, 28 de agosto de 1973.

que no acatan la autoridad presidencial, se encuadra dentro de las mejores tradiciones militares.

Distinto es el caso de la conferencia dictada en el Instituto Cultural de Providencia por el profesor de Filosofía del Derecho de la Pontificia Universidad Católica de Chile, Hugo Tagle Martínez, quien «respecto a la obediencia…, destacó que (las fuerzas armadas) la deben a la Constitución y a las leyes, pero si ocurriere que una u otras no expresan el proyecto de vida común de una nación —también aquél que la mayoría sostiene en un momento determinado de su historia— y esta desadecuación amenaza a la pacífica convivencia social, su deber es obedecer a dicho proyecto nacional y no a la Constitución… En Chile, hoy, el poder político, con la prescindencia del derecho positivo que nos rige, pretende con inobservancia de la ley, imponer a la nación ideas ajenas a su proyecto de vida. Este intento coloca a las FF.AA. en una encrucijada, en la cual la última y definitiva palabra la tienen sus integrantes». (*El Mercurio*, 5 de agosto de 1973, p. 34).

Estas expresiones sí constituyen, a nuestro juicio, una clara incitación a la subversión militar, no solo contra la autoridad del Ejecutivo, sino que contra la propia Carta Fundamental, cuyas normas —según el destacado catedrático— las fuerzas armadas tendrían la obligación de transgredir en aras de la obediencia a un hipotético «proyecto nacional». ¿Quién determina en qué consiste este «proyecto»? ¿Y la «desadecuación» a que se refiere el conferencista, quién precisa cuándo se produce? ¿Dónde está consagrado el deber de los institutos castrenses de desobedecer las normas constitucionales y legales, esas mismas normas que han jurado respetar? Extraña que un catedrático de una escuela de derecho pueda hacer estas extrañas aseveraciones, por lo que esperamos que todo se deba a una errónea y mercurial transcripción de sus palabras.

La campaña de algunas organizaciones de izquierda de alertar a los soldados contra las intentonas golpistas tampoco socava la disciplina de las FF.AA., pues —como bien anota Luis Acuña Vega (Ver «Carta a las fuerzas armadas» en *Chile-Hoy* N° 60)— «de ser cierto lo que (se) sostiene, querría decir que el artículo 335 del Código de Justicia Militar socava la disciplina. En efecto, allí se sostiene que el inferior suspenderá el cumplimiento de una orden cuando ella "tienda notoriamente a la perpetración de un delito"».

Además, el artículo 269, que se refiere, precisamente, al delito de rebelión, exige a todos los militares emplear «todos los medios a su alcance para contener la rebelión o la sublevación en las fuerzas de su mando». Señala sanciones al que omite actuar en esa forma y, además, si es oficial, le aplica, en todo caso, la destitución. Quienes cometen delito son los que incitan a la rebelión, los que se levantan en armas contra el gobierno y no los que lo defienden ni los que impiden que se consume ese objetivo y se oponen a la rebelión.

El propio presidente del Partido Demócrata Cristiano, la principal fuerza de oposición, recordó en artículo publicado en *El Mercurio* (1ro. de noviembre, 1972), que el Código de Justicia Militar y el Reglamento de Disciplina de las FF.AA. consagran el sistema de «obediencia reflexiva» y citó, en su apoyo, la opinión de dos oficiales, manifestada en sus memorias para obtener el título de abogado, en el sentido de que «el primer requisito para que la obediencia jerárquica opere como eximento de responsabilidad es que "la orden sea impartida por un superior, dentro de la órbita de sus atribuciones legítimas"».

Cabe, entonces, preguntarse, ¿las órdenes de un oficial a sus subordinados para sublevarse, están dentro de la órbita de sus «atribuciones legítimas»? El llamado a no obedecer a los oficiales que emprenden una intentona «golpista», ¿es un intento de subversión militar, una campaña destinada a socavar la disciplina de las fuerzas armadas o está dirigido —como puntualizara el senador Altamirano— «a ratificar su obligación de obedecer a la autoridad legítimamente constituida»?

Pretender lo primero significaría que la Fiscalía Militar debería estar procesando a los oficiales y suboficiales que se negaron a obedecer, el 29 de junio, las órdenes del comandante Roberto Souper y no, como lo está haciendo, a los que lo acompañaron en su aventura. ¡Absurda conclusión que no resiste el menor análisis!

¿Peruanismo castrense en Chile?

En las últimas semanas ha circulado el rumor de que en algunos sectores de las fuerzas armadas ha tomado cuerpo la idea de un golpe «a la peruana». Esta corriente «peruanista», que sería especialmente fuerte en la Aviación, abarcaría también a sectores civiles, integrados por hombres que no son los golpistas de siempre, vinculados a las FF.AA. y que incitan a sus amigos, parientes o allegados militares a dar un salto de frentón. De acuerdo con la revista *De Frente*, habría trascendido que en algunas ramas castrenses «el sector constitucionalista está en franca minoría. En otras, existen grupos pro Unidad Popular, de Patria y Libertad, constitucionalistas y peruanistas».

Según *De Frente*, «lo más curioso del caso es que tanto los uniformados como los civiles contagiados con esta enfermedad ignoran las características reales que tiene el "proceso peruano". Ninguna de las personas con quienes se ha podido discutir el tema, está enterada de la marcha de la revolución peruana».

Si alguien les cita estas palabras: «Sabemos que el gobierno será atacado; las tenebrosas fuerzas de la oligarquía interna y externa defenderán hasta sus últimos esfuerzos los baluartes de privilegio y de dominio que han detentado siempre; se tratará, con el engaño, de azuzar a las masas populares para exigir cada vez más lo que ellas en cerca de ciento cincuenta años se negaron a darles, ya que nunca rompieron las cadenas de la esclavitud», creerán, posiblemente, que fueron pronunciadas por Salvador Allende y no podrán convencerse que se trata de un discurso del general Juan Velasco Alvarado (Lima, 7 de nov. de 1968).

La posición antiimperialista del gobierno popular asusta a estos «peruanistas», sin parar mientes que el gobierno peruano ha desarrollado precisamente una línea política antiimperialista. La nacionalización del cobre, en Chile, antes en manos de los consorcios norteamericanos, Anaconda y Kennecott, equivale a la nacionalización del petróleo en Perú, antes en poder de la Internacional Petroleum Company (IPC), una subsidiaria del trust Standard Oil, de New Jersey, una de las corporaciones monopolistas más poderosas de Estados Unidos. Más aún, el presidente Velasco, el 28 de julio de 1969, proclamaba que «cancelar la tradicional dependencia de nuestro país es objetivo fundamental de la revolución nacionalista y meta central del desarrollo pleno del Perú»; después siguió el choque frontal con Estados Unidos que pretendía aplicar la Enmienda Hickenlooper (comparable con el «bloqueo invisible» contra Chile y las acciones judiciales emprendidas por Kennecott en el exterior); prosiguió con la estatización de los intereses foráneos en la actividad bancaria; la proclamación de la «doctrina Velasco» sobre inversiones extranjeras, su asistencia a las Conferencias de Países no Alineados (a la próxima de las cuales, en Argel, proyecta ir el presidente Allende), las relaciones diplomáticas con Cuba, y, últimamente, su anuncio de que proyecta nacionalizar las minas que explota la Cerro Pasco Corporation.

La lucha contra los sectores monopolistas en Chile, también se da en el Perú. Veamos las palabras del general Velasco Alvarado: «La oligarquía que ha visto afectados sus intereses […] no invierte su dinero en el país».

Este es un gran complot de la derecha económica, su gran estrategia contrarrevolucionaria, su gran traición a la causa del pueblo peruano. Se persigue de este modo crear una ficticia crisis económica que vulnere la estabilidad del gobierno. La excusa para no invertir es que no existe en el país un «clima de confianza». «Esta frase manida es el estribillo, pero también el arma sicológica, que día a día utiliza la reacción para cubrir con cortina de humo su verdadera intención antipatriótica […] ¿Qué confianza reclaman los grandes propietarios del dinero? ¿Una confianza como aquélla que se creaba cuando eran los dueños del país? Este tipo de confianza no van a tener mientras nosotros gobernemos…, porque en este tipo de confianza se basaron las injusticias que hundieron en la miseria y en la explotación a la gran mayoría de nuestro pueblo». (3 de oct. de 1969).

La complicidad entre los sectores oligárquicos y los intereses imperialistas no pasó tampoco desapercibida al general Velasco: «Detrás de la campaña contra la revolución en marcha hay, es cierto, muy poderosos intereses […] La sincronizada propaganda deformadora de la verdad, que opera a través de ciertas agencias noticiosas extranjeras, de algunas revistas de circulación internacional y de la mayoría de los periódicos que se imprimen en el Perú, que representan y defienden los intereses de la oligarquía peruana y sus cómplices foráneos […] Sabemos que frente a la revolución hay una conjura tenebrosa manejada por elementos externos, que persigue detener el proceso de cambios en el Perú» (3 de oct., 1969). «Algunas de esas personas controlan poderosos intereses económicos, casi siempre subordinados o, por lo menos, vinculados a grandes empresas extranjeras. Persiguen paralizar la economía del país, producir la desocupación masiva, estimular la carestía de la vida y así debilitar al gobierno de las Fuerzas Armadas y destruir a la revolución». (3 de oct. de 1970).

¡El parecido no puede ser más semejante! ¡Los mismos métodos, los mismos intereses, las mismas campañas, contra los gobiernos de Chile y Perú! Prueba evidente que detrás está la mano oculta del imperialismo y la CIA.

No podría ser de otro modo: en todo proceso liberador los enemigos son los mismos. El «peruanismo castrense» se da en los países en que imperan gobiernos entreguistas y no, como en Chile, donde se lucha, precisamente contra la dependencia; en países donde gobiernan intereses oligárquicos y no donde estos mismos intereses combaten y tratan de derrocar a un gobierno popular. Entre el auténtico nacionalismo —popular y revolucionario— de los militares peruanos y el «nazi-onalismo» de Patria y Libertad o de algún otro sector que instigue al golpe a algunos oficiales de nuestras FF.AA., hay un mundo de diferencia.

De Sierra Gorda a Irigoin

También en el artículo que hemos citado (*Punto Final* N° 189) nos referimos al llamado que se hace a los soldados a no disparar contra el pueblo y dejamos constancia que con ello no se hace otra cosa que repetir conceptos del propio comandante en jefe del Ejercito (actual ministro de Defensa), general Carlos Prats González.

A través de nuestra historia ha habido gobernantes que re-currían a las tropas del ejército o a Carabineros para sofocar cual-quiera justificada protesta de nuestros trabajadores. Pero en esas ocasiones hubo militares que se negaron a cumplir órdenes que significaran disparar contra el pueblo y los trabajadores. Guiados por un afán estrictamente histórico, es oportuno traerlos a colación. Corría el mes de diciembre de 1907. Las oficinas salitreras habían declarado la huelga general y los obreros pampinos, junto con sus familias, inician «la marcha del hambre» sobre el puerto de Iqui-que, concentrándose en la Escuela Santa María. El 21 de ese mes, «como si fuera un día de fiesta escolar, el edificio de la Escuela Santa María se encontraba engalanado con banderas de repúbli-cas hermanas, en que descollaban chilenas, bolivianas, peruanas, cubriendo partes de los muros, estandartes con letras doradas y plateadas. Destacaba uno de terciopelo rojo, era el de los subal-ternos del general Silva Renard: a su alrededor montaban guardia los veteranos del 79». (Guillermo Kaempffer Villagrán. *Así sucedió*, Arancibia Hnos., Stgo., 1962, p. 144). Pronto llegó hasta la Escuela el cónsul boliviano, pidiendo a sus compatriotas que abandonaran el recinto «porque iban a ser ametrallados», pero estos contestaron que si había que morir lo harían junto a sus compañeros chilenos, argentinos y peruanos.

La escuela estaba totalmente rodeada de tropas, en tanto que los barcos de guerra apuntaban amenazantes contra la ciudad. Un huelguista, orador popular, frente a las tropas les decía: «Marineros del Esmeralda ¿consentiréis que se empañen vuestras glorias adquiridas al frente de un enemigo poderoso y en defensa de los chilenos, matando ahora a chilenos indefensos? ¿Queréis que el pueblo de Chile no pueda ya invocar el glorioso 21 de mayo sin recordar al mismo tiempo un cobarde 21 de diciembre?» (Julio César Jobet. *Temas históricos chilenos*, Quimantú, Stgo., 1973, p. 233).

A las 15:45 horas el jefe de la plaza, general Roberto Silva Renard, dio orden de disparar contra los huelguistas, entre los que se contaban numerosos subalternos suyos de los tiempos de la guerra del Pacífico: más de dos mil personas, hombres, mujeres, ancianos y niños, son masacrados por la metralla implacable. Fue tal la premura de Silva Renard que ocho soldados que habían entrado a la escuela a notificar la orden de desalojo, no alcanzaron a salir a tiempo y cayeron bajo las balas.

¿Y ningún militar se negó a participar en esta matanza?

Julio César Jobet (*Ensayo crítico del desarrollo económico-social de Chile*. Ed. Universitaria, Stgo., 1955, p. 139) cuenta que un sargento primero se negó a cargar con su pelotón de lanceros sobre la masa indefensa y dio orden de retirada a sus hombres; y Patricio Manns expresa que «el comandante Aguirre, de uno de los buques de guerra, se negó a prestar ametralladoras y hombres al ejército para cumplir su macabra tarea» (*Las grandes masacres*. Ed. Quimantú, Stgo., 1972, p. 86).

Corren los años y el 21 de julio de 1920 es asaltada y saqueada la Federación de Estudiantes de Chile (Fech) por bandas de pijes comandadas por dos oficiales vestidos de civil. «El general Diego Dublé Almeyda condena la participación del ejército en actos sangrientos, preparados por La Moneda», en ese entonces en manos reaccionarias (Id. p. 86).

Cinco años más tarde, el 5 de junio de 1925, en una época de cesantía y crisis económica, ocurre la matanza de cientos de obreros de la oficina salitrera de La Coruña (Tarapacá), a cargo del Regimiento Carampangue. Luego se inventa el «palomeo de rotos»: los sobrevivientes deben cavar su propia tumba y cuadrarse frente a ella, luego un oficial apunta y dispara, el «roto» da una voltereta en el aire y cae junto al foso que él mismo ha cavado. Otros son llevados al crucero O'Higgins y «fondeados» en el mar.

Carlos Vicuña Fuentes (*La tiranía en Chile*, t. II., Stgo., 1939, p. 43), dice al respecto: «en una carta que recibí en Iquique fechada el 14 de agosto de 1925, me cuenta entre otros temibles pormenores que a bordo del O'Higgins falleció de un ataque el teniente Lizana a causa de la impresión que le causó la orden de fondear a un grupo de obreros, que arrodillados, llorando, sobre la cubierta le pedían piedad».

También se hizo público el caso del capitán Enrique Caballero que viendo que un grupo de sus propios soldados hacían funcionar una ametralladora contra una gran muchedumbre de obreros, mujeres y niños, que huían a la desbandada, «lanzó intrépidamente su caballo por delante de la ametralladora, hizo cesar el fuego e increpó a los soldados, afeándoles su conducta, y diciéndoles que las armas no debían emplearse contra gente que huía». Al oír decir a los soldados que disparaban por orden expresa del comandante Anasio Rodríguez, «caballero, desobedeciendo esa orden, reiteró la de cesar el fuego».

Días más tarde llegaba a hacerse cargo del mando el general Enrique Bravo Ortíz, «quien conociendo la actitud de la oficialidad para con los obreros de la pampa, durante la sangrienta represión, representó a la oficialidad el perjuicio que hacían al honor del ejército al jactarse de atrocidades cometidas en contra de los trabajadores». (G. Kaempffer , ob. cit., p. 259).

Mucho más tarde, el 5 de septiembre de 1938, setenta jóvenes nacionalsocialistas son masacrados en el Seguro Obrero (posteriormente llamado la «Torre de Sangre») después de rendidos. La operación estuvo dirigida por el general de Carabineros, Humberto Arriagada, de acuerdo con las instrucciones impartidas verbalmente por el presidente Arturo Alessandri: «¡Que no quede ni uno vivo! ¡Mátenlos a todos!». Sin embargo, el teniente Antonio Llorens Barrera, «se negó a participar en la matanza, fue detenido y llevado a Investigaciones por el medio de la calle Morandé, pasando frente al Senado, donde esa escena no dejó de impresionar a algunos senadores que la presenciaron» (Ricardo Donoso. *Alessandri, agitador y demoledor*, t. II., Fondo de Cultura Económica, México, 1954, p. 264). Digna de destacar fue la conducta del general de Carabineros, Aníbal Alvear, que velando por el prestigio del cuerpo, lejos de querer echar tierra sobre la actuación de oficiales y tropa, reunió un caudal de informaciones del más alto valor para formarse un concepto de la forma en que se desarrollaron los hechos y señalar a los verdaderos culpables.

Como podemos observar, en las grandes matanzas contra nuestro pueblo —desde los sangrientos incidentes de Sierra Gorda (Antofagasta), en 1884, hasta la masacre de Pampa Irigoin (Puerto Montt), en 1969—, participaron uniformados (Fuerzas Armadas y Carabineros), que «pasaron por millares de cadáveres que en vida habían sido sus hermanos. Pero ningún hombre de armas esgrimió la bayoneta por su gusto. Manos oscuras y siniestras escribían o llevaban las órdenes para que se efectuaran las grandes masacres […] Nuestras gentes también saben con certeza que los oficiales y tiradores que "palomearon rotos" en el salitre o en las gélidas regiones del sur, no fueron ni se sintieron pueblo en armas.

Tampoco fueron militares o policías, en el sentido exacto del vocablo. Uniforme se puede poner cualquiera, pero eso solo tapa los pelos o las garras simiescas. Igualmente —ese uniforme— pudo vestir sotana, frac o tricornio diplomático [...] Lo que importa es que en las presillas de nuestra oficialidad a cada momento revivan con patriótica energía el ejemplo que dieron muchos hombres de armas que desobedecieron las ordenes criminales, sacrificando su profesión y su porvenir en aras de la libertad, en beneficio de los principios humanos». (Revista *Aquí Está*, N° 47).

El ejército paralelo

Durante la ceremonia en la cual juraron los nuevos ministros, el presidente Salvador Allende reiteró que no habría en Chile «ejército paralelo». Nosotros, con el debido respeto al Presidente de la República, creemos que no se trata de si va a haber o no ejército paralelo, pues este ya existe, tiene un «comando invisible» que planifica sus acciones, «grupos de combate armados» que las emprenden, órganos de propaganda, apoyo logístico, y está en plena acción amenazando al gobierno, a las fuerzas armadas y a la seguridad nacional.

No es un misterio para nadie que Patria y Libertad ha declarado la guerra al gobierno. No puede argumentarse que este movimiento carece de importancia, pues más allá de sus filas ejerce una influencia cada vez más decisiva en las actitudes que adoptan los partidos de oposición. Muchos de sus integrantes tienen doble o triple militancia: sus vinculaciones con organismos patronales (como Sociedad Nacional de Agricultura o la Sociedad de Fomento Fabril) y con ciertos colegios profesionales, son bastantes fuertes; sus publicistas están detrás de las huelgas de los sectores «gremialistas» y sus líderes —respecto de los cuales hay orden de detención— encuentran generosa acogida en las radios «democráticas» y en el Canal 13 de televisión. El concepto de «guerra total» —militar, económica y sicológica —, es practicado sin el menor escrúpulo por este «ejército paralelo».

El hecho es que a la «desobediencia civil», a que llamaba un senador de la Democracia Cristiana, y a la «resistencia civil», a que posteriormente llamó el Partido Nacional, han seguido acciones directas que nadie, honestamente, puede negar. La quebrazón de vidrios en los edificios públicos que se producían en las «inocentes» manifestaciones de los estudiantes «democráticos»; los trolley-buses de la ETC que eran apedreados en el Barrio Alto, los semáforos inutilizados y la destrucción de bienes fiscales no son casos de simple coincidencia, sino que obedecen a un plan determinado. En un «volante», repartido por P y L, se dan a conocer «ocho medidas para derrocar al gobierno». La tercera expresa: «Sabotear las fuentes de trabajo estatales».

Ahora último, especialmente con motivo del paro camionero ordenado por León Vilarín, las acciones de los grupos reaccionarios (en las que no ha estado ausente el PN, a través de su Comando «Rolando Matus») han recrudecido y adquirido un carácter abiertamente terrorista. Hasta mediados del mes de agosto, y sin considerar los atentados a las comunicaciones, plantas de radio y de televisión, a las personas o casas particulares, locales escolares, hospitales, sedes diplomáticas, sindicatos y locales partidarios, han ocurrido nada menos que 249 atentados (71 contra camiones, 80 contra vehículos de locomoción colectiva, 16 contra bencineras, 40 contra vías férreas, 14 contra servicios públicos, 10 contra sedes laborales, 5 contra centros comerciales, 2 contra centros industriales, 1 contra túneles). Hacia esa misma fecha los muertos sumaban ya 7 y había docenas de heridos, muchos de ellos víctimas inocentes. Estos atentados contra las personas no tienen por qué extrañar: en la cuarta medida del «volante» a que nos hemos referido se lee: «Hacer justicia castigando directamente a los violentistas de izquierda».

No es la izquierda la que ha hecho estos atentados, no son las organizaciones populares las que han asesinado al general Schneider o al capitán Araya, no son los trabajadores los que lanzan maíz al paso de los militares, no son ellos los que llaman a las fuerzas armadas a separarse de sus actividades profesionales, como tampoco son ellos los que atentan —como ha ocurrido con el paro camionero y la violencia terrorista que lo ha acompañado— y comprometen tan gravemente la seguridad nacional.

Después del «tancazo»

Nadie puede pensar que la aventura golpista que protagonizara el 29 de junio el comandante Souper no tuviera otros implicados, otros militares que habrían participado en las deliberaciones conspirativas previas.

Por lo menos Pablo Rodríguez Grez, en una declaración pública, ha confirmado que habían, además del Blindado N° 2, otras unidades y oficiales comprometidos. El sumario que substancia el fiscal Francisco Saavedra arrojará, seguramente, interesantes conclusiones sobre el particular. Sin embargo, ha trascendido, de acuerdo con noticias publicadas en distintos órganos de publicidad, que diversos oficiales de las tres ramas de las fuerzas armadas —dándose incluso nombres y a apellidos— estuvieron de acuerdo con el «golpe» y solo la decidida oposición de los oficiales honestos, suboficiales y clases y la decidida actitud de los Altos Mandos impidió que sumaran sus unidades a la frustrada intentona.

Con posterioridad al «tancazo», según se ha afirmado, han continuado las actividades conspirativas, con participación de elementos de P y L y de dirigentes opositores e, incluso, lo que es más grave, con miembros de la inteligencia naval norteamericana. Confiamos que tales afirmaciones no sean efectivas, pero creemos que más que cualquier tipo de declaraciones, la opinión pública estaría mucho más tranquila si supiera que se está investigando la conducta de todos estos oficiales y no, como ha ocurrido, que los únicos sumariados, de acuerdo con la prensa, sean suboficiales y marineros que en Talcahuano y Valparaíso denunciaron las actividades de oficiales golpistas.

En forma paralela, los abusos y excesos de algunos oficiales en contra de los trabajadores, utilizando las más de las veces la Ley de Control de Armas, ha cobrado cada vez mayor intensidad, hasta culminar en Lanera Austral de Punta Arenas, con la muerte de un obrero, Manuel González, hijo y hermano de uniformado, y en Cobre Cerrillos, donde los violentos procedimientos empleados, según pudieron ver miles de telespectadores en el propio Canal 13, contrastan con la exquisita educación y fineza con que se trató a los camioneros de Puente Alto.

Los vejámenes a las militantes de izquierda han proseguido: no se trata solo de militantes del MIR que llaman a «no obedecer a los oficiales que incitan al golpe», sino de comunistas que escriben en las murallas: «No a la guerra civil» y de una verdadera persecución, según denunciara, el diputado Oscar Guillermo Garretón, en contra del MAPU. Ninguno de nuestros «democráticos» defensores del «Estado de derecho» y de las «libertades públicas» ha protestado de tales hechos.

El Ingreso de los Comandantes en Jefe de las FF.AA. y del director general de Carabineros no significó un fortalecimiento de la acción del gobierno. Los «ultimátums» que dieron a los camioneros en huelga, han derivado en continuas prórrogas de los plazos otorgados.

Al cierre de esta edición el Gabinete de «seguridad nacional» había caído. Apenas duró 14 días. Los sectores golpistas provocaron su caída al forzar la renuncia del general Carlos Prats al Ministerio de Defensa y a la Comandancia del Ejército. Varios generales y otros altos oficiales utilizaron a sus esposas en una manifestación de repudio a Prats, frente a la casa de este. Simultáneamente, la mayoría PDC-PN aprobaba en la Cámara de Diputados un acuerdo poniendo en tela de juicio la legalidad del gobierno. La crisis había comenzado con el retiro del jefe de la Fuerza Aérea, César Ruiz, seguido de una maniobra que fue personalmente manipulada por Frei. Este último continúa apareciendo como el jefe civil del golpismo. A la luz de lo ocurrido, aparece mucho más correcta la posición de quienes en la izquierda manifestaron reservas frente al Gabinete de «seguridad nacional». Otros sostuvieron que «fortalecía» al gobierno. Pero no detuvo el terrorismo del «ejército paralelo», ni aplicó los «ultimátums» a los camioneros ni amarró las manos a los golpistas, quienes, en cambio, se fortalecieron derribando al general Prats que aparecía como el enemigo más decidido del golpismo en el seno de las FF.AA.

¿Hay oficiales golpistas?*

J.C.M.

La revista tunecina *Jeune Afrique* publicó, el 14 de julio un comentario sobre Chile titulado «El tiempo de los golpistas», en el que se traza un paralelo con la situación uruguaya. La publicación africana distingue las diferencias entre ambos procesos. Pero señala que «llegaron a un mismo resultado en cuanto a las instituciones de la democracia liberal que han sido por largo tiempo el orgullo de los dos países. Ha sido el ejército quien salió victorioso de la crisis política y económica, para Chile, histórica y social, para Uruguay. Salidos de un mismo punto, el apoliticismo, los ejércitos de los dos países siguieron caminos diferentes. ¿Esto fue para llegar a este otro punto donde los pretorianos llegan a ser dueños de la situación?».

La inquietud de la revista *Jeune Afrique*, es compartida por diversos círculos políticos en Chile. Sin embargo, muy pocos se atreven a formularla en voz alta. El temor a tratar objetivamente el papel que desempeñan las fuerzas armadas, su estructura clasista y sus contradicciones internas, y la presencia en su seno de oficiales golpistas, son temas tabú. Por lo regular su tratamiento sincero es eludido por dirigentes políticos y analistas de la situación nacional, que prefieren caer en el lugar común de las alabanzas seudopatrióticas, dejando en penumbras una verdad que se compone de diversos ingredientes.

---

* *PF* N° 191, 28 de agosto de 1973.

Golpistas de ayer

Cuando se habla de oficiales golpistas, la falsa indignación que acoge estas denuncias hace tabla rasa de la experiencia histórica. No vamos a remontarnos aquí al general Ariosto Herrera, que en la década de 1930 intentó derrocar al gobierno del Frente Popular. Simplemente pretendemos recordar lo que sucedió en 1970, al momento de ser elegido Allende como presidente de la República. La misma noche del 4 de septiembre, la autorización para manifestar su júbilo en las calles fue otorgada a la Unidad Popular por el general Camilo Valenzuela Godoy, comandante de la Guarnición Militar de Santiago. Las masas —inducidas por frases halagadoras vertidas por dirigentes de la UP— vieron en el general Valenzuela a un militar democrático y amigo del pueblo. Lo mismo ocurrió cuando los comandantes en jefe visitaron al presidente electo, en su residencia de la calle Guardia Vieja. Los saludos protocolares de esos altos oficiales reconociendo la victoria de Allende, tuvieron un auspicioso significado al despejar las inquietudes sobre la conducta que asumirían las FF.AA.

Sin embargo, el complot que culminó con el asesinato del comandante en jefe del Ejército, general René Schneider, dejó en evidencia una realidad que hasta ahora, de una u otra forma, se ha eludido encarar. En efecto, quedó demostrado que en el complot no solo participó un ex general —como es el caso de Roberto Viaux Marambio—, sino también generales en servicio activo, como Camilo Valenzuela Godoy. Entre la gente que se reunía a conspirar con Viaux en una casa de la Avda. Príncipe de Gales, figuraba también el director de Carabineros, general Vicente Huerta Célis; el jefe de la Armada Nacional, almirante Hugo Tirado Barros y jefes de la Fach. El complot —que no trepidó, incluso, en el asesinato— tenía implicados a los más altos oficiales de las FF.AA. y de Carabineros. Seguramente ellos no actuaban solos y si bien posteriormente salieron discretamente de las filas, sus confidentes y compañeros se quedaron adentro.

Dado el curso que siguieron los acontecimientos, bien puede ser que uno de los que se «sumergieron» haya sido el coronel Alberto Labbé Troncoso, director de la Escuela Militar «Bernardo O'Higgins». Más tarde el coronel Labbé mostró la «hilacha» golpista y fue llamado a retiro. De inmediato se convirtió en candidato a senador del Partido Nacional y sacó una alta votación en marzo de este año, aunque insuficiente para ser elegido. La campaña electoral de Labbé mostró a las claras su ideología fascista, la misma que, sin duda, poseía cuando era un «pundonoroso» coronel a cargo de la formación de los futuros oficiales de nuestro ejército.

Otro que no tardó en mostrar las garras fue el general Alfredo Canales. También llamado a retiro —después de un confuso episodio en que apareció haciendo invitaciones golpistas a la oficialidad de la Armada. Canales es hoy el sucesor aparente del jefe fascista Pablo Rodríguez Grez, exiliado en Ecuador. El ex general —de «prestigioso» pasado en la institución—, dirige ahora una entidad nacionalista que trabaja directamente por el golpe de Estado. Con o sin uniforme, Canales es un fascista. La diferencia estriba en que antes habría resultado una «infamia» acusarlo de tal, pero hoy, como general en retiro, su mentalidad aparece liberada de toda disciplina.

Golpistas de hoy

Los nombres de Viaux, Canales, Valenzuela, Tirado Barros, Huerta, Labbé, etc., sirven para demostrar que no es ninguna injuria suponer que hay oficiales golpistas en el seno de las FF.AA. y de Carabineros. El 29 de junio pasado, sin ir más lejos, el teniente coronel Roberto Souper Onfray, jefe del Regimiento Blindado N° 2, se rebeló al frente de sus tanques y trató de copar La Moneda. Su aventura causó 22 muertos, de acuerdo a la mesurada cifra que proporcionaron las autoridades.

La presencia de oficiales golpistas en las FF.AA., así como la actividad golpista más allá de las filas uniformadas, se explica con absoluta lógica por el elevado nivel que ha alcanzado la lucha de clases. La oficialidad está ligada por sistema de vida, vinculación familiar y formación ideológica a la burguesía y sus valores políticos, económicos y culturales. No son escasos, sin embargo, los oficiales que, al igual que otros profesionales, han adherido a la ideología revolucionaria, ligando su suerte a la del proletariado.

El sentido de la cohesión y el «espíritu de cuerpo», natural a toda institución castrense, ha hecho que hasta ahora los desbordes de un Souper, de un Canales o de un Labbé, hayan sido controlados y puestos al margen por los propios responsables de las fuerzas armadas. Sin embargo, de una u otra manera, los planteamientos golpistas se han ido traduciendo en una actitud que abarca incluso a la oficialidad «apolítica». Esto explica, por ejemplo, la forma deliberadamente antipopular en que se ha manejado la Ley sobre Control de Armas, embistiendo contra los sectores obreros. Es la ideología reaccionaria —que sirve de soporte al golpismo— la que hace ver en el poder popular a un enemigo de las FF.AA. al que hay que «desarmar» y reducir con el empleo de una máxima severidad. De otro modo, también es la presión del golpismo la que lleva a sectores constitucionalistas a imponer cada vez con mayor peso determinadas normas de conducta al gobierno de la Unidad Popular. Se traduce así —a términos legalistas y políticos— la ideología burguesa que conduce a suplantar, en los hechos, un programa (el de la UP) por otro (el del freísmo y la derecha tradicional).

La influencia imperialista

Tampoco tiene nada de extraordinario constatar el peso e influencia del imperialismo en el seno de las FF.AA. Desde luego, lo tiene en otras esferas de la vida nacional: en el plano político, en la cultura y en la realidad económica.

A través del Pacto de Ayuda Mutua (PAM) y de otros instrumentos manipulados por las misiones militares norteamericanas, como las anuales Operaciones Unitas, Estados Unidos ha penetrado e influye a su modo en las FF.AA. de casi toda América Latina, incluyendo Chile. La formación de oficiales en sus escuelas «antisubversivas» de Panamá, Puerto Rico y el propio territorio de EE.UU., ha sido uno de los elementos más importantes de esa penetración. Recientemente se ha denunciado que oficiales de la inteligencia naval norteamericana han desarrollado activa labor en la Armada. Cosa parecida puede ocurrir en otras ramas cuyos equipos, tecnología y abastecimiento dependen en gran medida de EE.UU. Para el Pentágono norteamericano, mantener bajo su esfera de influencia a los ejércitos latinoamericanos es una cuestión vital.

El almirante T. H. Moorer, jefe del Estado Mayor de las FF.AA. de Estados Unidos, planteó con claridad el 22 de mayo pasado, en Puerto Rico, el enfoque del Pentágono. «EE.UU., dijo, depende de fuentes extranjeras en 22 de los 74 materiales esenciales que necesita una sociedad industrial moderna. Uno es el cobre. Para fines de siglo se calcula que EE.UU. necesitará importar más de la mitad de su demanda básica de materias primas». Debido a esta situación, el almirante Moorer preguntó: «¿Cómo es posible que renunciemos a nuestros intereses en el mundo? La respuesta es que no podemos hacerlo. Estamos comprometidos a nivel mundial debido a que nuestros intereses son también a nivel mundial; intereses que comprometen a todos los elementos de nuestro poder nacional: políticos, económicos y militares». El jefe del Estado Mayor norteamericano reconoció que podrían surgir problemas cuando los intereses de EE.UU. fueran contrarios a los países proveedores de materias primas. Por ejemplo, si EE.UU. necesitara asegurar la importación de cobre y se encontrara con dificultades en países proveedores, como Chile. En ese caso, dijo, el problema se resolvería a través de negociaciones, pero añadió, «la disposición para negociar está relacionada con el poder relativo de regatear de las partes interesadas y, en muchos casos, el poder de regateo es sinónimo de poder militar».

Esta es la perspectiva en que se mueve el imperialismo en el plano militar. Si a esto se añade la actividad clandestina de la CIA y la que desarrolla en Chile la frondosa embajada norteamericana (a cuyo frente se halla un experto en operaciones conspirativas, como es el embajador Nathanael Davis), se tiene un cuadro aproximado del poderoso estímulo que entre bastidores recibe el golpismo.

La actividad conspirativa reaccionaria se orienta a instrumentalizar a las FF.AA. para sus fines y encuentra terreno abonado entre los sectores de la oficialidad que son parte integrante, en lo ideológico o en lo clasista, de la burguesía.

Derrotemos las conciliaciones[*]

Nicolás García Moreno

Los acontecimientos se desarrollan a veces con una velocidad vertiginosa, y lo que ayer era cierto, hoy ya no lo es.

La sublevación del coronel Souper, el intento de levantamiento fascista en la Armada, las presiones y amenazas del freísmo y de la clase patronal, el diálogo y los gabinetes cívico-militares han provocado un viraje de los acontecimientos increíblemente brusco.

Lo que ahora se busca es la capitulación, la puesta de rodillas y el derribamiento de Allende. En estas condiciones llegamos al 4 de septiembre, tercer aniversario del gobierno popular. Vivimos el momento más difícil de estos tres años. Por eso hay que revisar las tácticas en este momento, pero sin caer en renuncios que perjudiquen o hundan el proceso revolucionario.

Hay que decir que caen en renuncios quienes buscan en este momento posiciones defensivas o se ilusionan con bloques o alianzas con la burguesía «progresista», con el freísmo. Esto es desprestigiar los principios, es pisotear el programa. No se pueden adoptar actitudes defensivas sin antes conseguir todo el poder para el proletariado. Mientras esto no ocurra, hay que empujar sin transar la revolución proletaria.

Nadie niega que la situación es difícil, pero todo tiene su límite, y ese límite, esa línea, la atropellan algunos compañeros cayendo en «posiciones conciliadoras», en «posiciones dialogadoras», en

---

[*]   *PF* N° 192, 11 de septiembre de 1973.

«posiciones capituladoras», dejándose arrastrar por la corriente de los acontecimientos.

Por eso, es necesario desenmascarar las debilidades existentes y dar una dura lucha ideológica a nivel de las masas, a nivel de la clase, acorralando al reformismo obrero que busca alianzas con el reformismo burgués.

Hay que cambiar la táctica de lucha de los trabajadores y su actitud hacia el gobierno. No se trata de quitarle apoyo, hay que cambiar la forma del apoyo. No se trata de sumarse a los que lo atacan y pretenden derribarlo, pero hay que enfrentar de otra manera la tarea de apoyarlo. Haciendo ver al pueblo que lucha contra la clase patronal y el fascismo, la debilidad y las vacilaciones de la UP y de Allende. Hacer esto, pasa ahora a ser lo fundamental, la tarea urgente. En esto consiste el cambio de táctica de que hablamos al comienzo.

Pero que nadie se equivoque: «A pesar de la debilidad y las vacilaciones de arriba, los trabajadores y las masas en general, son fuertes. Los dirigentes del proceso deben bajar a las masas para recuperar fuerza y fe en la revolución».

Hay que intensificar la agitación en favor de lo que podríamos llamar «exigencias parciales» al gobierno: que encarcele a los cabecillas del paro patronal, que no siga dialogando con los criminales del rodado ni con los «camioneros» de la Salud; que apoye de una vez por todas el desarrollo del poder popular, que no siga cooperando en el desarme de los trabajadores; que ponga a los oficiales golpistas fuera de las filas de inmediato; que termine con las torturas e interrogatorios a los suboficiales, clases y soldados que están junto al pueblo; que meta en cintura a los jueces vendidos y corrompidos, poniéndole candado a la Corte Suprema; que aplaste de una vez por todas la sedición del Congreso dirigida por Frei, colocándolo a él, a Jarpa y toda su corte de fascistas en su lugar, expulsándolos del país si es necesario; que entregue toda la tierra por sobre 40 hectáreas básicas a los campesinos para ser trabajadas en Centros de Reforma Agraria; que implante el control obrero en todas las industrias y en la distribución.

Los trabajadores deben presentar estas «exigencias parciales» al gobierno, pero no solo quedarse en eso. Estas exigencias deben ser entendidas cabalmente por los obreros, soldados y campesinos. Ellos deben impulsar no solo las exigencias, sino actuar como clase en contra de la burguesía y de sus aliados. No pueden seguir los atropellos de la oficialidad golpista. Los obreros, soldados y campesinos revolucionarios deben exigir al compañero Allende consecuencia revolucionaria.

Es error pensar que nos hemos alejado del objetivo principal, la conquista del poder por el proletariado. No. Nos hemos acercado extraordinariamente a él.

Por eso, hay que realizar agitación y levantar a los trabajadores, exigiendo al gobierno mano dura y el término de los diálogos con el enemigo de clase. Los diálogos llevarán a coaliciones políticas de largo alcance, y no solo a acuerdos ocasionales concluidos por razones prácticas.

La historia es muy clara al respecto; cada vez que se desconfía en las masas, se llega a actuar en contra de ellas.

Hay que terminar con las frases, ahora es tiempo de actuar. La lucha contra la clase patronal y el imperialismo hay que hacerla de manera revolucionaria, atrayendo a las masas, levantándolas, inflamándolas, enardeciéndolas. Evidentemente, hay quienes temen a las masas, temen al pueblo y no se deciden a actuar de manera revolucionaria.

Las huellas digitales de la CIA en Chile[*]

Patricio García[**]

¿Son hechos aislados, dentro de la historia política chilena de los últimos tres años, el asesinato del comandante en jefe del Ejército, general René Schneider; el asesinato del edecán naval del presidente Allende, capitán de navío Arturo Araya; las huelgas en cadena desatadas por los dirigentes del gremio de camioneros o del comercio; la voladura simultánea de torres de alta tensión, que provocaron un apagón eléctrico en trece provincias, y el asesinato de un obrero durante el operativo montado para asegurar las transmisiones del Canal 5 de TV, de Concepción? Evidentemente que no.

Todos ellos —y conste que aquí solo se han nombrado los principales operativos del plan general de espionaje, corrupción sindical, terrorismo y sabotaje—, muestran similitudes y vínculos concretos con otros sucesos políticos que han sacudido al mundo en los últimos años y que resultan una especie de manual para el derrocamiento de cualquier gobierno que sea tildado de progresista o socialista. Similares incidentes se han repetido en los casos de Guatemala, Irán, Indonesia, Cuba, Brasil, el asesinato de Kennedy, Watergate y ahora en Chile. Sus actores, gestores y planificadores también tienen un denominador común. Pertenecen o han

---

[*]   Suplemento «Documentos», *PF* N° 192, 11 de septiembre de 1973.

[**] Patricio García es el seudónimo de Mario Díaz Barrientos, «El Chico Díaz», co-fundador y primer director de la revista *Punto Final*, quien murió en el exilio en Buenos Aires el 13 de agosto de 1984.

pertenecido a las más diversas jerarquías de la Agencia Central de Inteligencia (CIA) norteamericana, llámense Allen Dulles, ex-director general del organismo (formulador de esa conocida política internacionista) o Frank Sturgis (integrante del comando que robó la embajada chilena en Washington), o John Connally, el gobernador de Texas que preparó la ruta que siguió en Dallas el presidente Kennedy, o León Vilarín, el dirigente camionero que recibe jugosas subvenciones de la organización. Estas huellas digitales tan evidentes son las que han destruido el mito de que los sucesos mencionados fueron hechos aislados e independientes, que obedecían a su propia lógica, como la prensa pro-imperialista, también infiltrada por la CIA, intentó presentarlos a la opinión pública. A la vez han ayudado a clarificar la estructura dentro de la cual actúa la CIA, desde el nivel de elaboración de políticas hasta el de las operaciones específicas.

Cuatro pistas

Para quien dude de que la correlación existe y que los agentes de la CIA se repiten como actores de hechos determinados, tomemos como ejemplos algunos de los últimos acontecimientos más destacados en el continente americano: la invasión de Cuba en Playa Girón, el asesinato de Kennedy, el espionaje de Watergate y la conspiración contra Chile.

Líder de los mercenarios que invadieron Cuba fue Manuel Artime, «gusano» contratado por la CIA y que aparece ahora entregando 21 mil dólares a los reos de Watergate, recolectados en Miami.

Bernard Baker, pagador de los mercenarios de Playa Girón, nacido en Cuba, miembro de la antigua mafia de los casinos de La Habana, ingresó a la policía de Batista bajo el auspicio del FBI. Contrarrevolucionario activo al triunfo de Fidel Castro, miembro del comando que asaltó la embajada chilena en Washington, participa también en el caso Watergate junto con otros «gusanos» cubanos. En ese juicio, Baker declaró que «estaba convencido que la elección de McGovern en 1972 sería el comienzo de una tendencia que podría llevarlos al socialismo y el comunismo, o como uno prefiera llamarlo».

Frank Sturgis, mafioso de los casinos de La Habana, ingresó al ejército revolucionario de Fidel Castro en 1958, como colaborador del Servicio de Inteligencia de Batista. En 1960 dejó Cuba para organizar y entrenar a los contrarrevolucionarios asilados en EE.UU. Detenido a raíz del asesinato de Kennedy, confesó al FBI que había estado con Oswald en Miami. Aparece luego como miembro del comando CIA que asaltó la embajada chilena en Washington y del comando que montó el espionaje político de Watergate.

John Connally, gobernador de Texas, que planeó la ruta del auto presidencial en Dallas cuando fue asesinado Kennedy. Instiga más tarde, como secretario del Tesoro, el bloqueo «invisible» contra Chile. Íntimo amigo de Richard Nixon, ahora es republicano, después de haber renunciado al Partido Demócrata, donde se dice fue un infiltrado a alto nivel.

Allen Dulles, exdirector de la CIA, removido de ese cargo por Kennedy a raíz del fracaso de la invasión a Cuba, vuelve al escenario como integrante de la comisión Warren que investigó el asesinato de ese presidente y cuyas conclusiones no satisficieron a nadie.

John McCone, ex-director de la CIA, hoy miembro del directorio de la ITT, planificador de las operaciones para impedir la asunción del presidente de Chile Salvador Allende, en 1970. La ITT aparece implicada en la campaña terrorista de septiembre-octubre de 1970, en Santiago, en el asesinato del general Schneider y en el financiamiento de los «periodistas libres» que operan en los diarios y radios chilenas desde entonces.

E.H. Hunt, jefe de Operaciones de la CIA, organizador del financiamiento secreto de la campaña presidencial de Richard Nixon, encargado de la operación espionaje a la sede del Partido Demócrata en las «tareas» de Watergate. Como jefe de Operaciones conoció del plan contra Allende en 1970-1971.

Virgilio González, «gusano» cubano entrenado por la CIA, íntimo amigo de Ángel Ferrer, presidente del grupo de exiliados cubanos en Miami, integra el equipo gusano-CIA que robó la embajada chilena en Washington y asaltó el domicilio de varios diplomáticos chilenos, en un operativo típico de espionaje político.

Eugenio Martínez, «gusano» cubano, integrante del equipo que actuó en Watergate, también operó en los casos de la embajada chilena y robó a diplomáticos de nuestro país.

James McCord, en la CIA de 1951 a 1970. Integrante más tarde del equipo que asaltó la embajada de Chile.

Enno Hobbins, agente CIA, actuó en Chile en 1970. Fue quien estuvo en contacto con *El Mercurio*, buscando avisos para su financiamiento, y recomendó la contratación de propagandistas de radio y TV y el uso de veinte periodistas «libres» que pagaron los grupos Matte y Edwards.

Peter Vaky, asesor de Kissinger para asuntos latinoamericanos, fue consejero de la ITT en el periodo 1970-1971, para su intervención en Chile. Inspirador del bloqueo invisible contra nuestro país.

Jack Ruby, de la mafia que controlaba los casinos de La Habana, traficante de armas para los grupos contrarrevolucionarios cubanos, aparece como amigo de Oswald, a quien luego asesinó por encargo. Murió de «cáncer» posteriormente en la prisión.

Richard Nixon, comprometido en la invasión a Cuba, ligado a la mafia a través de las inversiones en propiedades en Las Vegas y Miami y en los casinos de La Habana. Siendo vicepresidente de Estados Unidos, en su libro *Seis crisis* escribe: «El entrenamiento secreto de los exilados cubanos se debió, en gran parte por lo menos, a mis esfuerzos». Representante de la Pepsi-Cola, fue visto en Dallas el día del asesinato de Kennedy en compañía de Donald M. Kendall, ejecutivo de esa firma. La fábrica más grande de heroína en Asia Suroriental funciona en una instalación de la Pepsi-Cola en Saigón, establecida gracias a las gestiones del abogado Nixon. A pesar que no ha embotellado jamás una Pepsi-Cola, la fábrica ha recibido cuantiosa ayuda de la AID. Inspirador del espionaje político, o en Watergate, como presidente de EE.UU. ejecutor del bloqueo invisible contra Chile.

Agustín Edwards, dueño de la cadena periodística chilena *El Mercurio*, actual ejecutivo de Pepsi-Cola Internacional. Sus diarios han participado activamente en la campaña periodística contra Cuba, contra los países socialistas y ahora contra el gobierno popular de Salvador Allende, ante el cual alientan incesantemente un golpe de Estado.

Keith W. Wheelock, agregado político de la embajada norteamericana en Santiago, hasta 1971. Fue uno de los instructores directos de Pablo Rodríguez, uno de los dirigentes de Patria y Libertad, asilados hoy en Ecuador después del «tancazo» del 29 de junio de 1973.

Emmanuel Boggs, ex-jefe del Instituto Americano para el Desarrollo del Sindicalismo Libre en Chile. Fue uno de los guías y «consejeros» de León Vilarín, que opera como dirigente de los camioneros chilenos, y de Manuel Rodríguez, ubicado como secretario provincial de la CUT-Santiago, ambos encargados de dividir a la clase obrera chilena.

Michael Townley, asesor y jefe del comando de Patria y Libertad que asaltó un local de servicios eléctricos en Concepción, en un operativo destinado a mantener en el aire el Canal 5 de TV, medio de difusión pirata de la Universidad Católica. Townley, agente de la CIA, hoy prófugo de la justicia chilena, montó la misión que culminó con el asesinato del obrero Tomás Henríquez, en acuerdo con el presbítero Raúl Hasbún, director de Canal 13 TV de la UC. Este medio de comunicación, a través de Hasbún, recibe cuantiosas subvenciones en dólares provenientes del fabuloso presupuesto que maneja la CIA.

Errol Johatan Reinese, agente de la CIA, detenido recientemente en el Hotel Carrera cuando portaba dólares para subvencionar la huelga de los camioneros. Este correo de la CIA cumplía en esa ocasión su segundo viaje a Chile.

Sergio Banfel del Campo, contratista de aseadores y funcionario de la embajada de Estados Unidos. Detenido y confeso de cinco atentados terroristas y comprometido en el «tancazo» del 29 de junio. Sería largo incluir las relaciones que en uno u otro sentido han mantenido o mantienen con la CIA los últimos embajadores norteamericanos en Chile, Edward Korry y Nathanael Davis; políticos chilenos, como Eduardo Frei, Onofre Jarpa, Raúl Morales Adriazola, Claudio Orrego, etc.; periodistas como Mario Carney-ro, Álvaro Puga, René Silva Espejo, Rafael Otero; «gremialistas» como León Vilarín, Manuel Rodríguez, Rafael Cumsille y oficiales de los servicios de Inteligencia de las fuerzas armadas, infiltrados por la CIA, y entre los cuales han tenido triste publicidad el capitán Germán Esquivel, de Carabineros, y los oficiales navales que han torturado a suboficiales y marineros de la Armada detenidos por desobedecer los planes destinados a derribar al gobierno de Allende.

La relación de los mencionados en esta lista con la actividad de la CIA es innegable. Muchos de ellos, que participaron en el caso de espionaje político en Watergate, aparecen mezclados en el robo a la embajada chilena en Washington y en el asalto al domicilio de diplomáticos chilenos en Estados Unidos. Otros multiplican su presencia en la invasión de Playa Girón, el asesinato de Kennedy y operaciones en Chile. La CIA aparece también en las intrigas de la ITT para impedir la ascensión de Allende al poder, y los ejecutivos de esa poderosa empresa multinacional están ligados a esa organización desde las más diversas jerarquías. Hay, además, una oferta de la ITT a la CIA de un millón de dólares para que actúe urgentemente en Chile en defensa de sus amenazados intereses.

Comparaciones y equivalencias

Pero la similitud se hace sorprendente entre el asesinato de Kennedy y los asesinatos del general Schneider y del edecán naval del presidente Allende, capitán Arturo Araya. Si bien el caso Kennedy no ha sido aclarado oficialmente —la mitad de los archivos del FBI acerca del crimen se mantienen en secreto e igualmente el 90 por ciento de la información de la CIA—, hay consenso acerca de varios de los participantes en la operación-comando. Es cierto también que unas cincuenta personas que sabían demasiado acerca del asesinato han muerto accidental o misteriosamente. Allí están incluidos Lee Harvey Oswald —presunto único culpable— hasta el que lo ultimó Jack Ruby.

Existe una foto de Oswald repartiendo literatura castrista y que se utilizó para probar que era pro-comunista. Lamentablemente para los difusores de la prueba fotográfica quien aparece al lado de Oswald es un «gusano» cubano —Manuel García González—, quien incluso había participado en un anterior intento de invasión a Cuba y que fue frustrado por el FBI, por orden del propio presidente Kennedy. El mismo Oswald apareció más tarde como fundador del grupo pro-cubano en que se dijo que participaba.

El objetivo de esta maniobra era culpar del asesinato de Kennedy a una sola persona, que además estaba estrechamente vinculada al gobierno revolucionario de Cuba y con el comunismo en general.

El paralelo de esta acción en Estados Unidos con las desplegadas en Chile en los casos Schneider y Araya es sorprendente. La prensa y radios derechistas y los sectores del gobierno de Frei ligados a la CIA, desplegaron todos los medios para confundir a la opinión pública chilena sobre el asesinato de Schneider. Trataron de culpar a la izquierda, como objetivo central dentro del plan general de impedir que la UP llegara al gobierno. Pero estas maniobras fracasaron gracias a que Salvador Allende, entonces presidente electo, presionó a Frei para desplazar de Investigaciones al director general de entonces, Luis Jaspard da Fonseca, por sus estrechas ligazones con la CIA, y cuya permanencia en la policía no daba garantía alguna para resolver el caso. Su reemplazo, por el general Emilio Cheyre [Toutin] permitió una coordinación amplia de la inteligencia militar e Investigaciones, con lo que se logró aclarar el caso estableciendo la responsabilidad en el asesinato de Schneider, del general Roberto Viaux y la complicidad de otros miembros del ejército, Armada y Carabineros coludidos en un vasto complot derechista para impedir que Allende asumiera su cargo.

El reciente asesinato del edecán naval Arturo Araya, tiene aún más similitudes con el caso Kennedy, especialmente en lo que se refiere a los esfuerzos para culpar del hecho a la propia izquierda. El uso que se hizo de José Luis Riquelme, obrero electricista de 36 años, con tendencia a la ebriedad y la mitomanía, establece semejanzas con la utilización que la policía de Dallas hizo del presunto asesino de Kennedy, Lee Harvey Oswald. Dos oficiales de Carabineros —un teniente y el capitán Germán Esquivel— inventaron declaraciones de culpabilidad a Riquelme, informaron de sus «pesquisas» a la prensa de derecha antes de hacerlo a sus superiores, y dieron pie así a una gigantesca campaña para responsabilizar a la izquierda del atentado contra el edecán naval. La maniobra, además de ese objetivo, tenía como meta confundir la pesquisa que realizaban —al igual que en el caso Schneider—, Investigaciones y los servicios de inteligencia de las fuerzas armadas. De los dos oficiales de Carabineros que cometieron la infidencia —ciertamente coludidos con el comando central publicitario de la derecha—hay sospechas que uno de ellos, el capitán Germán Esquivel, tiene fuertes lazos con la CIA. La relación nació cuando

Esquivel tuvo dos años de entrenamiento en inteligencia policial en Estados Unidos.

Las oportunas denuncias sobre la posibilidad de que Riquelme pudiera ser asesinado, al igual como lo fue Oswald, y la detención del comando derechista que disparó contra el capitán Araya —con la excepción de dos de sus miembros—, han salvado hasta este momento la vida de Riquelme, que por extrañas circunstancias aún sigue detenido a pesar de que el caso está esclarecido y el nombre de Guillermo Claverie Barbet está probado fehacientemente que corresponde al del asesino del comandante Araya. Sin embargo, los apremios que ha sufrido Riquelme y las torturas a que fue sometido lo tienen al borde de la locura y en una oportunidad, después de permanecer algunas horas en la Fiscalía Naval que investiga el caso, intentó suicidarse.

Siguiendo el esquema del caso Kennedy, los cerebros de la CIA orientaron otra campaña de la prensa reaccionaria tratando de inmiscuir en el asesinato de Araya a cubanos que tenían relación directa con la embajada de ese país ante La Moneda. Denuncias telefónicas anónimas comprometieron a los servicios de inteligencia de las fuerzas armadas en un allanamiento sin éxito a uno de los aviones de Cubana de Aviación, que cumplen el servicio entre Santiago y La Habana, mientras otros núcleos derechistas iniciaban una maniobra en el parlamento para declarar persona no grata al embajador cubano, Mario García Incháustegui, y la Municipalidad de Providencia —reducto de la ultrarreacción— aprobaba un acuerdo para que la sede diplomática de La Habana, ubicada en esa comuna, fuera desalojada.

La rápida pesquisa de la policía civil que se mantiene fiel al gobierno derrumbó estos intentos, en los momentos en que la CIA ya había dispuesto la utilización de un «gusano» cubano, entrenado en sus cuarteles, para hacerlo aparecer como presunto cómplice de Riquelme y así dar fundamentos más consistentes a la campaña de prensa. Los «gusanos» cubanos son una verdadera guardia blanca de la CIA y se han prestado para todo tipo de operaciones, tanto dentro de Estados Unidos (destrucción del Centro de Estudios Cubanos, en Nueva York; terrorismo en una exposición procubana en la misma ciudad, para nombrar algunos operativos) como en otras partes del mundo. Es conocida la acción de los «gusanos» como piezas claves en las operaciones de la CIA en Bolivia durante la campaña del Che. Pilotos «gusanos» cubanos actuaron en operaciones en el Congo y ya mencionamos su participación en las acciones contra Chile en el asalto y robo a la embajada en Washington.

Los «gusanos» son fáciles de reclutar. Por un lado ayuda a ello su fuerte ideología anticomunista y por otro, el pago de la CIA que gratifica a sus agentes con generosidad. No es aventurado afirmar que en estos momentos están actuando en el propio territorio chileno, como asesores de los grupos de Patria y Libertad, como terroristas en la campaña de atentados de la ultraderecha, como asiduos vigilantes de la distribución de fondos a los camioneros de León Vilarín, a Proteco, a Canal 13, y como eventuales actores en una ulterior provocación destinada a crear problemas en las relaciones entre el gobierno de Allende y el gobierno revolucionario de Cuba.

Finalmente, en la conspiración contra Chile no se ha descartado la posibilidad de una invasión desde Bolivia, según el modelo de Playa Girón. La frontera boliviana, al igual que Miami y algunos países del Caribe en el caso de Cuba, está siendo utilizada como campo de entrenamiento de chilenos que se encuentran en el exterior y que están en disponibilidad para atacar centros vitales como las minas de cobre de Chuquicamata o servir de apoyo a fuerzas opositoras al gobierno que pudieran rebelarse contra el poder central y montar un operativo militar desde el norte, tal como ocurrió en la guerra civil de 1891. En este sentido un ex-militar —Arturo Marshall— reconocido como agente de la CIA, juega un papel fundamental.

La estrategia de la CIA y Chile

La oposición chilena, a través de sus líderes y sus medios de comunicación, ha negado persistentemente el papel estratégico de la CIA en la conspiración permanente que se ha desatado contra el gobierno de la Unidad Popular. Sin embargo, ha sido la propia CIA la primera en admitirlo.

Las minutas confidenciales de una reunión del Consejo de Relaciones Exteriores (Council on Foreign Affairs) sobre la CIA, tituladas «Espionaje y Política Exterior», probaron la realidad de estos vínculos más allá de cualquier duda. Toda posible acción de la CIA en Chile fue prevista y discutida en esa reunión realizada el 8 de enero de 1968 en Nueva York. Particularmente delicada, ya que trataba sobre políticas de la CIA y sus operaciones, se desarrolló en medio de estrecha vigilancia. Dirigió la discusión Richard M. Bissell Jr. Bissell es más conocido por su importante papel en la planificación de la desastrosa invasión de Playa Girón. Dejó la CIA poco tiempo después de ese fracaso, luego de servir diez años en total como ayudante especial del director y del delegado del director de planes. Es también uno de los directores de la Compañía de Aceros Norteamericana y miembro del CFR. El presidente de la reunión fue C. Douglas Dillon, subsecretario de Estado (1959-1965), banquero inversionista y director del principal banco de Nueva York, el Chase Manhattan. Otros miembros presentes en esta reunión fueron el fallecido Allen Dulles (director de la CIA, 1953-1961) y ex altos funcionarios de los departamentos de Defensa y de Estado. Las actas de la reunión demuestran claramente cómo concibe la CIA su rol en Estados Unidos y en el mundo, cómo realiza sus actividades de espionaje, cómo causa trastornos en las naciones «hostiles» y cómo recluta a los agentes no-norteamericanos. Las experiencias vividas en Chile desde 1970 confirman que las políticas de la CIA proyectadas antes de 1968 y alrededor de esa fecha, fueron implementadas posteriormente.

Lo que sigue son citas directas de las actas de la reunión y su relación con Chile.

1. Sobre las actividades de la CIA en el Tercer Mundo:
«Recientemente la CIA ha efectuado un viraje en las prioridades del espionaje clásico hacia objetivos en el mundo subdesarrollado». El mundo subdesarrollado presenta mejores oportunidades para la recopilación secreta de la información, simplemente porque los gobiernos son mucho menos organizados: «existe menos sentido de la seguridad y hay una inclinación a la difusión, real o potencial, del poder entre los partidos, organizaciones e individuos fuera del gobierno central. El propósito principal del espionaje en estas áreas es entregar a Washington la información oportuna sobre el equilibrio de poder interno, una forma de espionaje que tiene una importancia táctica principalmente».

La organización Patria y Libertad, utilizada por la CIA en Chile, dio la línea para derrocar a Allende:

A medida que los movimientos de liberación nacional que amenazaban los intereses imperialistas en el tercer mundo ganaban fuerza, la CIA se dio cuenta que allí tendría que desarrollar sus mayores esfuerzos.

2. Sobre las operaciones secretas en el Tercer Mundo:
«La técnica de investigar el equilibrio de poder interno es esencialmente de "penetración". Muchas de las "penetraciones" no se hacen a través de "contrataciones" sino estableciendo una estrecha o amistosa relación, la que puede o no ser fomentada con entregas de dinero de vez en tiempo.

»La esfera de acciones secretas podría incluir: (a) consejo y asesoría política; (b) subvención de un individuo; (c) apoyo financiero y "asistencia técnica" a partidos políticos; (d) ayuda a organizaciones privadas, incluyendo sindicatos obreros, empresas de negocios, cooperativas, etc.; (e) propaganda secreta; (f) entrenamiento "privado" de individuos e intercambio de personas; (g) operaciones económicas y (h) organizaciones paramilitares para operaciones políticas dirigidas a derribar o apoyar un régimen. La intervención secreta está planeada generalmente para actuar sobre el equilibrio de poder interno, a menudo con objetivos de bastante corto plazo en vista. Un esfuerzo para construir la economía de un país subdesarrollado debe ser sutil, de larga duración, y debe abiertamente conseguir la cooperación de los grupos más importantes del país, si es que quiere lograr tener alguna influencia. Su costo es elevado. En cambio, un esfuerzo para debilitar el gobierno progresista local, para ganar una elección y para lograr resultados dentro de dos o tres años a lo más, obviamente debe ser secreto. Debe utilizar prácticamente a la gente, los medios que estén a mano y los métodos que parezcan más probables de dar resultado».

En Chile, la CIA ha utilizado toda la gama de acciones secretas: ha dado consejo a todos los partidos y grupos de oposición y ha subvencionado desde individuos, como León Vilarín, hasta Eduardo Frei. Su apoyo financiero al PDC fue revelado este año. Ha apoyado a gremios reaccionarios, a sindicatos obreros de oposición, a importantes firmas de negocios; ha ayudado a las campañas de publicidad de *El Mercurio, La Prensa*, etc. Ayudó a coordinar el bloqueo económico de Estados Unidos a Chile y planeo el caos económico interno, y ha asesorado a grupos paramilitares como Patria y Libertad para realizar ataques terroristas y asesinatos.

3. Sobre el reclutamiento, adoctrinamiento y entrenamiento de agentes internos:

«Lo esencial de esta intervención en el equilibrio de poder interno es identificar a aquellos aliados que pueden volverse más eficaces, más poderosos y quizás más atinados, con una ayuda secreta. Comúnmente estos aliados locales conocen la fuente de esta ayuda, pero ni ellos ni Estados Unidos podrían permitirse admitir su existencia».

No es ninguna sorpresa que la reacción niegue cualquier vínculo con la CIA.

«Los agentes para intervenciones menores y menos delicadas, por ejemplo alguna propaganda secreta y ciertas actividades económicas, pueden reclutarse simplemente con dinero. Pero para las intervenciones mayores y más delicadas, los aliados deben tener una motivación propia. En general, la Agencia ha tenido un éxito notable en encontrar los individuos y medios con los cuales —y a través de los cuales— ha podido operar de este modo».

La CIA no creó a Vilarín, a Jarpa, a Frei, ni a Patria y Libertad. El capitalismo lo hizo. Lo que la CIA ha hecho es organizar mejor sus esfuerzos, financiarlos y coordinar sus actividades en un ataque unificado contra la clase obrera.

«Necesitamos operar bajo mayor secreto, poner más atención en el uso de "cortes" (un término que utiliza la CIA para denominar aquellos proyectos respaldados por la Agencia pero a los cuales no se les puede seguir la pista). El problema de las operaciones de la Agencia en el extranjero es con frecuencia un problema para el Departamento de Estado. En sus relaciones con un agente norteamericano de la CIA, los aliados locales se encuentran con que este aparece casi siempre disfrazado de funcionario del gobierno norteamericano. Existen poderosas razones para esta práctica, del mismo modo que será siempre conveniente tener algún personal de la CIA alojado en el recinto de la embajada, aunque sea solo por las necesidades propias de un puesto de mando local y para tareas de comunicaciones».

Muchos agentes de la CIA en Chile han servido en puestos oficiales en la embajada de Estados Unidos. Los ejemplos más claros son Keith W. Wheelock quien, hasta 1971, tuvo el cargo de agregado político de la embajada norteamericana en Santiago; Sergio Benfeld del Campo, contratista de aseadores y funcionario de la embajada hasta su detención por la policía chilena, la semana pasada, y los propios embajadores Edward Korry y Nathanael Davis.

«Sin embargo es posible y conveniente, aunque es difícil y requiere tiempo, construir un aparato con una "fachada" extraoficial en el extranjero. Esto requeriría la utilización o creación de organizaciones privadas cuyo personal no sería en su mayoría de nacionalidad norteamericana, lo que le permitiría una entrada más libre en la sociedad local y con menos complicaciones para la posición oficial de Estados Unidos. Estados Unidos debería utilizar un mayor número de ciudadanos no-norteamericanos, a los que se debería incentivar a través de un esfuerzo de adoctrinamiento y entrenamiento para que llegaran a adquirir una lealtad hacia Estados Unidos, más o menos comparable a la que tiene el personal norteamericano de la Agencia. A medida que trasladamos nuestra atención a Latinoamérica, Asia y África, la acción de los agentes de nacionalidad norteamericana tiende a verse cada vez más restringida, ya que su presencia en esas áreas resulta más notoria. Por eso, recomendamos como un cambio importante la construcción de un sistema que sirva de "fachada" extraoficial para ver cuán lejos podemos llegar con ciudadanos no-norteamericanos, especialmente en operaciones en el terreno mismo. La CIA podría utilizar un número cada vez mayor de ciudadanos no-norteamericanos como "agentes de carrera", es decir, con un rango intermedio entre el de un agente clásico (aquel que se utiliza para una sola operación compartimentalizada quizás por un limitado periodo de tiempo) y el estatus de un miembro del personal permanente de la Agencia (que está implicado en muchas operaciones a través de su carrera y está bien informado sobre las capacidades de la Agencia). Debería estimularse a tales agentes a través de un esfuerzo de instrucción y entrenamiento, y por medio de la perspectiva de un empleo a largo plazo para que adquirieran un sentido de lealtad hacia Estados Unidos. La tarea central es identificar a posibles aliados nativos

—tanto individuos como organizaciones—, hacer contacto con ellos y establecer de hecho una comunidad de intereses».

En lo esencial, la tarea de los agentes norteamericanos en Chile ha sido infundir en los futuros agentes chilenos una lealtad hacia Estados Unidos y no hacia Chile. A la luz de todo esto, partidos tales como el Partido Nacional y movimientos como Patria y Libertad parecen aun más ridículos. También los numerosos gremios y los llamados grupos de trabajadores que han surgido en el último año, obviamente se ajustan a lo que la CIA entendiera como la creación de «un aparato de fachada extraoficial».

4. Sobre el rol coordinador que juega la CIA:

«La intervención secreta es probablemente más efectiva en aquellas situaciones donde se realiza un amplio esfuerzo con un número de operaciones separadas y proyectadas para apoyarse y complementarse unas a otras y para tener un efecto acumulativo».

Evidentemente la CIA ha estado planeando y orquestando las actividades de la derecha desde 1970. Se ha calculado cada paso para producir un «importante efecto acumulativo» en lugar de producir la caída inmediata del gobierno. El paro de octubre, las campañas de los medios de comunicación, la huelga de «El Teniente», el mercado negro, el «fraude» electoral, la huelga de los camioneros, la ofensiva parlamentaria, todos han sido cuidadosamente planeados y ejecutados para alcanzar el mayor efecto acumulativo.

5. Sobre el uso de sindicatos obreros y agentes subversivos:

«Haciendo una observación sobre las actividades sindicales, un participante en la reunión señaló que antes de mayo de 1967 era de conocimiento público que la CIA había prestado algún apoyo a los programas sindicales; primero, *Ramparts* (una revista norteamericana de izquierda), y después Tom Braden (un periodista) detallaron este apoyo en público. Aquellos que estaban comprometidos en asuntos sindicales estaban consternados y ciertos periodistas agudizaron el clima al relacionar la AID (Agencia para el Desarrollo Internacional) con la CIA, reclamando que el IADSL (Instituto Americano para el Desarrollo del Sindicalismo Libre), que pertenece a la AFL-CIO, estaba corrompido».

Las tentativas de dividir a la clase obrera en «El Teniente» y en otras partes, fueron planeadas por la CIA y llevadas a cabo bajo la autorización de esa Agencia. Emmanuel Boggs, ex jefe del IADSL en Chile, es un agente de la CIA (según Julius Mader, *quien es quien en la CIA*).

6. Sobre el uso de extranjeros que sirven de agentes en un tercer país:

«¿Cómo se pueden conseguir ciudadanos no-norteamericanos para efectuar el trabajo secreto de la CIA y que al mismo tiempo adquieran una lealtad hacia Estados Unidos? Habría más posibilidades de que este trabajo resultara si se utilizan ciudadanos de un país B para trabajar en un país C... Es imprescindible una "fachada", y un medio natural es una organización con ciudadanos no-norteamericanos».

Estados Unidos ha utilizado «gusanos» exilados cubanos para llevar a cabo las actividades de la CIA en todos los países latinoamericanos. Sin duda también se les está utilizando en Chile ya que si son sorprendidos se les calificaría inmediatamente como revolucionarios cubanos y no como «gusanos». El malintencionado ataque de los reaccionarios contra la revolución cubana está obviamente vinculado a esto. Evidentemente se puede ubicar a los «gusanos» en las filas terroristas de Patria y Libertad.

7. Sobre la utilización de corporaciones norteamericanas como puestos de mando para la actividad subversiva:

«Desearíamos que la CIA expandiera su utilización de las corporaciones privadas norteamericanas, pero para objetivos fuera de Estados Unidos. Si tenemos tratos en el extranjero, entonces se hace necesario mantener una burocracia en el exterior para tratar con los nativos. También se hace necesario utilizar comunicaciones en un medio posiblemente hostil. Si uno negocia a través de las corporaciones norteamericanas que tengan actividades en el extranjero, es posible mantener la mayor parte del personal burocrático en Estados Unidos, e intervenir a través de los cuarteles generales de la corporación, usando los canales corporativos para las comunicaciones con el exterior (incluyendo comunicaciones clasificadas)».

Los lazos entre la CIA y la ITT no son ningún secreto. Ya en 1968 la CIA previó el uso de una corporación norteamericana como el punto coordinador de la actividad contrarrevolucionaria en un país «hostil». La CIA vio esto como el mejor medio para disminuir el personal sobrante, para coordinar las comunicaciones y para planificar el sabotaje económico.

Ocho medidas para derrocar al gobierno:

1. Unirse frente al enemigo común. (Enemigo es la U.P. y el Partido Comunista que la dirige)

2. Integrarse a la protección de su sector vecinal

3. Sabotear las fuentes de trabajo estatales

4. Hacer justicia castigando directamente a los violentistas de izquierda.

5. Denunciar toda irregularidad que observe de los enemigo solo a las FF.AA.

6. Solidarizar incondicionalmente con los combatientes nacionalistas

7. Anteponer las labores de resistencia a cualquier interés personal

8. Solidarizar con el hombre y la mujer de trabajo, que anhelan un destino claro para el país, actuando coordinadamente con los gremios.

Dice marinero torturado: «Nuestras vidas están en peligro»*

Nauta

Responder con un paro de protesta fue la principal conclusión de la manifestación de apoyo con los marineros detenidos y torturados convocada por el Comando de Solidaridad con los Marinos Antigolpistas, que repletó el Teatro San Diego, de esta capital, de obreros, empleados, pobladores, profesionales, estudiantes y familiares de los afectados.

Partidos políticos de izquierda, Cordones Industriales, Comandos Comunales, Consejos Comunales Campesinos, el Círculo de Suboficiales en Retiro, el Centro de ex Marinos «Fragata Lautaro» y los Cristianos por el Socialismo, entre otros, solicitaron al gobierno la libertad de los marineros y la aplicación de severas sanciones, entre otras, la destitución de los oficiales torturadores.

Solo de esta manera podría ser borrado, en parte, el estigma que ha caído sobre la Armada al iniciarse un proceso contra un grupo de marineros que no cometieron otro delito que negarse a una aventura golpista, propuesta por algunos oficiales que hoy gozan de una irritante libertad.

La petición de desafuero en contra del secretario general del Partido Socialista, senador Carlos Altamirano, y del secretario general del MAPU, diputado Oscar Garretón, azuzada por los voceros periodísticos de la burguesía, ha tenido eco en los medios de la Armada,

---

*   *PF* N° 192, 11 de septiembre de 1973.

así como la orden de detención que se lanza amenazadoramente contra Miguel Enríquez, secretario general del MIR.

Se trata de vincular personalmente a esos tres altos dirigentes, no importa con qué excusa, para seguir golpeando a la dirección de la izquierda y a los partidos de la clase obrera. El secretario general del MIR, Miguel Enríquez, fue ligado por la prensa reaccionaria a imaginarias acciones «subversivas» en la Armada. En una respuesta reciente, el dirigente señaló que «la única subversión que se ha intentado desarrollar en la Armada es la de oficiales navales reaccionarios». Esta no se ha materializado —a juicio de Enríquez— a raíz de «la decidida resistencia antigolpista que emprendió un extenso sector de la marinería que hoy paga con prisión y torturas el haberse negado a disparar contra los trabajadores».

Miguel Enríquez responde a *El Mercurio* acerca de la afirmación hecha en el sentido que dirigentes del MIR estarían huyendo del país para eludir la acción de querellas en su contra interpuestas por la Armada. Dice: «En cuanto a que algún dirigente del MIR estuviera huyendo del país, para desilusión de *El Mercurio* y de los politicastros reaccionarios, los militantes y dirigentes del MIR no somos como sus héroes "democráticos" de Patria y Libertad, Pablo Rodríguez o Benjamín Matte, que al primer contratiempo cobardemente buscaron asilo en embajadas y huyeron del país. Para mayor desilusión de los reaccionarios, los militantes y dirigentes del MIR no somos como otros cobardes que, después de estridentes bravuconadas, terminan como Roberto Thieme y diez de sus secuaces dejándose detener pasivamente por cuatro personas».

Posición del PS

El secretario general del PS, senador Carlos Altamirano, ha hecho pública la solidaridad de esta colectividad política con los marineros detenidos. «Aspirábamos y aspiramos a una convergencia entre el pueblo y las fuerzas armadas, en una noble y patriótica misión», sostiene el parlamentario y agrega: «Lamentablemente, hay síntomas de que esos propósitos están seriamente amagados por algunos oficiales que se empeñan en alimentar pretensiones golpistas. En ese espíritu se estaría llegando al extremo de vulnerar los más elementales derechos humanos, como ocurriría en el caso de los suboficiales, clases y marineros detenidos en la Armada, bajo la acusación de "motín" o "sedición", pero de quienes se sabe no habrían hecho otra cosa que reiterar su lealtad al régimen constituido, razón por la cual el Partido Socialista les expresa su más amplia solidaridad».

«Sería irracional —dice el senador Altamirano— suponer que grupos minoritarios de oficiales pudieran arrastrar a todo el pueblo uniformado a una aventura golpista de imprevisibles y trágicas consecuencias. No queremos suponer que nuestras fuerzas armadas —renegando de su tradición más que secular, de la "Doctrina Schneider" y de la notable lección moral dada por el general Carlos Prats— pudieran elegir la vía de pronunciamientos armados que las llevaran a encabezar dictaduras reaccionarias al estilo de países como Brasil u otros de penoso historial en América y en el mundo. Estamos ciertos que nuestras fuerzas armadas no están dispuestas a asumir el papel de gendarmes del restablecimiento de los privilegios e intereses de una minoría revanchista de grandes banqueros, industriales y latifundistas, o servir de instrumentos de las ambiciones personales de derechistas fracasados».

Enorme injusticia

La senadora socialista María Elena Carrera, por su parte, ha calificado este hecho como «una de las más grandes injusticias masivas», expresando su esperanza que los mandos de la Armada descubran a los oficiales golpistas y hagan recaer sobre ellos las sanciones correspondientes.

La parlamentaria estuvo en Talcahuano, con el objeto de imponerse de la situación del grupo de marineros y de algunos trabajadores de Asmar (Astilleros y Maestranzas de la Armada) detenidos en ese puerto. María Elena Carrera enfatizó que dichos detenidos son gente leal al gobierno legalmente constituido. «De creer en sus palabras —dijo— se deduce que ellos habrían sido requeridos por oficiales golpistas para acompañarlos en acciones sediciosas».

La senadora Carrera indicó que tenía la satisfacción de decir que el ánimo «de estos modestos trabajadores estaba entero, porque se sabían en una causa justa junto al pueblo de Chile». La parlamentaria relató que uno de los detenidos tenía una herida infectada, producto de innumerables puntapiés dados en la misma parte del cuerpo. Señaló que otro presentaba graves dificultades en el lenguaje, a raíz de las torturas, lesión que antes no tenía. Destacó que de acuerdo con versiones dadas por los propios detenidos se desprende que fueron torturados cruelmente, metidos en tambores de agua, lanzados al barro, golpeados en la cabeza y obligados a comer excrementos al «estilo» de la dictadura brasileña.

María Elena Carrera expresó que a los abogados les fue prohibido acercarse a los detenidos y estos denunciaron que no fue respetada la forma legal de llevar un juicio. Solo pudieron conversar con algunos detenidos, luego de un reclamo presentado al Colegio de Abogados de Concepción.

Solidaridad

En el acto del Teatro San Diego habló el presidente del Círculo Naval de Suboficiales en Retiro «Fragata Lautaro», Eduardo Bastías. Al relatar los hechos señaló: «Algunos oficiales estaban arengando e incitando a la marinería a un golpe de Estado, a derrocar al gobierno constitucional, a reprimir con las armas al pueblo. Desde el 29 de junio fueron intensificadas esas arengas pero estos marinos, conscientes del juramento que hicieron como soldados de respetar la

Constitución, se negaron a participar en esta asonada golpista, pero fueron detenidos, flagelados y humillados y brutalmente golpeados y torturados, para obligarlos a confesar que tenían vinculaciones con partidos del gobierno.

Nada más falso. Ni los golpes, vejámenes y torturas consiguieron hacer verdad una infame mentira. Mentira hábilmente montada por algunos oficiales fascistas y aprendices de gorilas. Por eso solo pudieron acusarlos de faltar a sus deberes militares, acusación que fue cambiada hace poco por la de «subversión». Pero todos sabemos que no es ningún delito no acatar órdenes de quienes pretenden violar la Constitución con sus afanes golpistas, amparados por su privilegiada posición de oficiales.

Exigimos que los marinos detenidos sean examinados por una comisión de médicos, a fin de constatar su estado físico y sicológico, en especial el sargento de máquinas Juan Cárdenas, que muestra en su cuerpo huellas del trato sufrido.

Exigimos la inmediata libertad de los marinos, soldados y trabajadores, pero no para que sigan siendo humillados y vejados, sino para que se restituyan a sus respectivas funciones en forma totalmente normal y sin temor a represiones y que las autoridades den amplias garantías al respecto.

Exigimos que se castigue en forma ejemplar y expulse de las filas de la Armada a aquellos oficiales conspiradores y golpistas implicados, que tratan de imponer una disciplina fascista y de terror en las filas de la Armada.

Exigimos que se derogue la Ley sobre Control de Armas, más conocida como «Ley Maldita», que solo ha servido para que oficiales golpistas se sirvan de ella para reprimir al pueblo, a sus hermanos de clase».

Carta de un marino

Pero uno de los afectados, actualmente en prisión, escribe a sus familiares y revela otros detalles. La siguiente es la carta que dirigió a sus padres Jaime Salazar Jeldres, marinero del crucero Latorre.

«Valparaíso, 18 de agosto de 1973. Familia Salazar Jeldres. Queridos padres, encontrándome en una situación bastante difícil, me dirijo a ustedes para ponerlos en conocimiento de mi situación. Por tener ideas afines con muchos compañeros de la tripulación que bajo presiones, amenazas, fomento del caos y golpismo por parte de un gran sector de oficiales, vimos la necesidad de reunirnos para intercambiar ideas, para evitar un golpe de Estado y una guerra civil. Actualmente, me encuentro arrestado junto a un grupo de compañeros que apoyaron nuestras ideas.

Hemos sido torturados, ultrajados y maltratados de hecho, continuamente, tanto física como mentalmente, que nuestras vidas peligran y no tenemos seguridad de ellas. Quisiera, si es necesario, ver a mi padre, a Margarita, a Benjamín y a Claus para que comprueben, de hecho, mi estado. Si es necesario pido la intervención de un abogado civil, el cual lo pueden conseguir por medio del alcalde Palestro y muéstrenle esta carta y que en lo posible el mismo alcalde envíe una persona de confianza para que vea mi estado. Saludos a todos».

Seven Stories Press
Jon Gilbert
140 Watts Street
US-NY, 10013
US
https://www.sevenstories.com
jon@sevenstories.com
510-306-6987

The authorized representative in the EU for product safety and compliance is

Easy Access System Europe
Teemu Kontttinen
Mustamäe tee 50
ECZ, 10621
EE
https://easproject.com
gpsr.requests@easproject.com
358 40 500 3575

ISBN: 9781925019162
Release ID: 153002045